KB162753

왜
일본은 조선을
수탈했을까?

52
역사공화국
한국사법정

교과서 속 역사 이야기, 법정에 서다

왜 조선 농민 연합회
VS 조선 총독부
일본은 조선을
수탈했을까?

글 김인호, 배진영, 선우성혜 | 그림 황기홍

㈜자음과모음

수십 년을 우리 근현대 역사를 공부하면서 아쉬운 대목이 있었습니다. 지난 100여 년 동안 우리는 왜 그토록 아프고 힘든 세월을 보냈을까? 다른 나라는 저들끼리 잘도 사는데 왜 우리는 나라를 잃고 전쟁을 겪고, 끌려가고 고문당하고 그렇게 살아야 했을까? 우리 조상이 그렇게 못났나? 뭐 이런 아쉬움이었지요.

원더걸스, 소녀시대 등 멋진 한류 스타들, 우리 문화에서 자라 세계인을 감동시키며 승승장구하는 한류의 시대! 우리 청소년들이 느끼는 역사에 대한 심경은 더욱 그럴 것입니다.

그런데 우리 청소년들이 세월이 좀 지나면 느낄 교훈이 하나 있습니다. 우리의 행복은 그냥 하늘이 준 것이 아니라는 것입니다. 우리가 느끼는 현실이란 자세히 보면, 우리 할아버지 아버지의 수많은 고민과 고초의 결과였다는 것을 알게 될 것입니다.

한류라는 문화가 그냥 나온 것이 아닙니다. 일본이 대동아 공영을 말하고, 중국이 중화를 말하면서 그들은 너무나 쉽게 자신의 전통을 버리고 서양의 그것으로 넘어갔습니다. 그러나 우리에게는 스스로 우리를 지키겠다는 독립 의지가 있었고, 그래서 그들보다 훨씬 고유한 가치나 정신을 지켜 낼 수 있었습니다. 우리보다 힘이 세어도 일본과 중국의 국민들이 우리의 때 묻지 않은 동양적 감동을 담은 한류에 매료될 수밖에 없는 이유가 바로 그것입니다.

그런 생각에 닿아야, 왜 오늘날 우리가 세계인들에게 감동을 주는 드라마를 만들고, 노래를 작곡하고, 즐거운 문화를 만들어 내는지 알 수 있습니다. 한국이라는 이름 뒤에 숨은 소중한 가치를 알게 되는 것입니다. 우리 자신의 소중한 가치는 위대한 문화유산만이 아니라 어떻게 우리 할아버지 아버지들이 어려움을 이기고 살아왔는지 그 삶의 지혜를 이해하는 것에서 비로소 알게 되는 것입니다.

우리는 이 책에서 일제 강점기에 조선 총독부가 조선 농민을 얼마나 극렬하게 수탈했는지 꼼꼼하게 살펴볼 것입니다. 무엇이 진실인지, 그리고 우리는 무엇을 과대평가하고 있는지 정확하게 알아볼 것입니다. 이를 통해 조선 농민들이 꿈꾸는 행복이 무엇인지도 알게 될 것입니다.

살아가는 일들의 소중함을 안다면 그것을 수호해야 할 정부의 정책이나 환경이 얼마나 중요한지도 알아야 합니다. 당시 조선에는 총독부라는 정권이 행세하고 있었습니다. 그들은 조선을 이롭게 하고 행복하게 해 준다는 홍보를 앞세우며 농업 정책을 펼쳤습니다. 조선 농민들은 영문도 모른 채 그들의 정책에 따라 주었고, 그 결과 점점 땅을 잃고 가난해졌습니다. 조금씩 진실을 알게 된 농민들은 잘못을 시정하려고 애쓰면서 세상을 보다 행복하게 살 수 있게 하는 길을 찾고자 했습니다. 청소년 여러분이 보다 행복한 삶을 꿈꾸는 것과 마찬가지로 그 당시 농민들도 그런 마음으로 총독 정치를 비판하고 새로운 사회를 만들기 위해 노력했던 것입니다. 세월이 흘러도 그런 마음은 하나인 것이지요.

이렇게 장황하게 한류를 말하고 옛 어른들이 품은 삶의 가치를 말하는 이유는 오직 역사를 통해서 청소년 여러분이 현명해지고, 또 역사를 나름으로 즐기라는 뜻에서입니다. 그 시대의 진한 삶의 이야기를 읽고 느끼고 생각해서 여러분 자신의 삶을 풍요롭게 설계하고 즐거운 삶을 영위하는 데 도움이 되었으면 하는 바람입니다. 그것이 진정 이 책을 읽는 소중한 이유가 되었으면 합니다. 이 책을 통해서 우리 역사의 진실이 얼마나 현재 나의 삶과 직결되는지 한 번쯤 알아보길 바랍니다. 그렇다면 우리 필자들은 그보다 더 큰 보람이 없을 것입니다.

끝으로 이 책을 만드는 데 선우성혜 선생과 배진영 선생의 노력이 없었다면 어찌 되었을까 싶습니다. 이 자리를 빌려 함께 일하며 고민했던 시간의 소중함을 다시 한 번 떠올립니다.

김인호

교과서
에는

일제의 총독부는 토지 소유관계를 근대적으로 정리한다는 명분 아래 토지 조사 사업을 추진하였습니다. 이로 인해 소수의 지주를 제외한 대다수의 농민은 몰락하고 말았습니다.

중학교   역사

Ⅸ. 민족의 독립운동
  1. 민족의 수난
    2) 일제의 경제 수탈 정책은?
      – 토지 약탈

Ⅸ. 민족의 독립운동
  1. 민족의 수난
    2) 일제의 경제 수탈 정책은?
      – 식량 수탈

제1차 세계 대전으로 심각한 식량 문제에 부딪힌 일본은 한반도에 산미 증식 계획을 실시하였습니다. 이는 일본 제국의 식량 문제를 해결하기 위한 것으로 이 때문에 우리 농민들은 큰 고통을 겪어야 했습니다.

지주의 사유권만 인정한 토지 조사 사업으로 인해 땅을 못 가진 농민들은 경작권을 잃고 소작농으로 전락하게 됩니다. 지주들의 횡포가 심해지면서 농민들은 점점 더 살기 어려워지게 되었습니다.

고등학교

한국사

VI. 일제의 식민지 지배와 민족 운동의 전개
 2. 일제의 억압과 수탈은 어떻게 전개되었나?
  2-3 빼앗긴 들판(1910년대)
   – 식민지 경제 수탈 체제가 구축되다

VI. 일제의 식민지 지배와 민족 운동의 전개
 2. 일제의 억압과 수탈은 어떻게 전개되었나?
  2-4 오지 않는 봄(1920년대)
   – 경제 침탈은 갈수록 확대되었다

일본 제국은 한반도에서 산미 증식 계획을 실시하여 많은 쌀을 반출해 갔습니다. 이로써 국내 식량 사정은 크게 나빠졌고, 화전민이 되거나 만주 등으로 이주하는 농민이 늘어났습니다.

1904년 한·일 의정서 맺음

1905년 을사조약

1906년 통감부 설치, 초대 통감 이토 히로부미 취임

1907년 국채 보상 운동
헤이그 특사 파견
고종 황제 퇴위

1908년 의병, 서울 진공 작전
동양 척식 주식회사 건립

1909년 안중근, 이토 히로부미 처단

1910년 국권 피탈
회사령 공포

1912년 토지 조사령 공포

1914년 대한 광복군 정부 수립

1920년 산미 증식 계획(~1934년)

1900년	의화단 운동
1902년	영·일 동맹
1904년	러·일 전쟁
1905년	러시아, 피의 일요일 사건
1906년	인도 스와데시·스와라지 운동 전개
1907년	삼국 협상 성립
	제2차 헤이그 만국 평화 회의
1911년	중국, 신해혁명
1912년	중화 민국 성립
1914년	제1차 세계 대전

원고 **조선 농민 연합회 대표 김매기**

나는 좌익 조선 농민 총동맹과 우익 조선 농민 연합을 통합한 주역으로 조선 농민 연합회 대표를 맡았습니다. 일본 제국주의와 총독 통치에 의해서 조선 농민이 얼마나 고통 받았는지를 낱낱이 밝혀 조선 농민들 가슴속에 쌓인 울분을 조금이나마 풀어 주고 싶습니다.

원고 측 변호사 **오진실**

나, 오진실 변호사는 이름처럼 오직 진실만을 변호하는 변호사입니다. 비록 이승에서는 성공을 거두지 못했지만, 성공보다는 진실을 밝히는 게 훨씬 중요하다고 믿는 변호사지요.

원고 측 증인 **양심한**

나는 조선은행 조사부에서 일했습니다. 어렵게 공부해서 당시로선 선망의 대상이던 조선은행에 들어가 조선 경제가 왜곡되어 가는 과정을 말 못하고 지켜봐야 했던 나약한 식민지 지식인이었지요. 지금이라도 반성하는 마음으로 증인으로 출두했습니다. 다시는 그런 기만과 독선의 시대가 없었으면 합니다.

원고 측 증인 나지주

일제 강점기 시기에 땅 조금 가지고 살았지요. 땅을 운영하려니 돈이 참 많이 필요했어요. 그래서 은행 돈을 썼는데 그 이자가 얼마나 비싼지 어쩔 수 없이 소작인들에게 더 받아 낼 수밖에 없었어요. 절대 내 욕심 채우느라 그런 것이 아니랍니다.

원고 측 증인 김증견

나는 별반 내세울 게 하나도 없는 사람입니다. 일제 강점기 시절, 살기 어려운 때에 일본 사람이 자꾸 내 옆구리를 꾹꾹 찌르며 협조만 하면 완장도 채워 주고 떵떵거리며 살게 해 준다기에 그들에게 협조했지요. 부끄러운 마음에 고백성사 하는 마음으로 이 자리에 나왔습니다.

판사 정역사

역사공화국에서 공정하기로 소문난 판사 정역사입니다. 역사에 대한 호기심과 공정한 판결에 대한 노력은 나를 능가할 사람이 없지요.

피고 조선 총독부 농림국장 어기짱

나는 조선 총독부에서 농림국장을 지낸 사람입니다. 요즘 한국 사람들 많이 똑똑해졌어요. 100년 전에도 좀 그러지. 이제야 진실을 밝히겠다는 사람들을 보니 답답할 따름입니다.

피고 측 변호사 나카무라

강화도 조약과 동물원이 생긴 창경궁 재판에 이어 이 번에도 변호를 맡게 된 나카무라입니다. 앞선 재판에서 연이어 패했지만 오늘에야말로 조선의 근대화에 기여한 일본의 노력을 똑똑히 보여 주겠습니다.

피고 측 증인 데라우치 마사타케

나는 1910년부터 1915년까지 조선의 총독으로 재임하면서 조선에서 토지 조사 사업을 본격적으로 실시한 데라우치라 하오. 헌병과 경찰을 동원해 식민지 통치의 기초를 다진 일본 정계와 군부의 실력파입니다.

피고 측 증인 총재 다내꺼

나는 동양 척식 주식회사 총재를 맡았던 사람이오. 그 당시 농민 땅을 내 것으로 만들기는 식은 죽 먹기만큼 간단한 일이었소. 자세한 것은 법정에서 모두 말해 주리다.

피고 측 증인 우가키 가즈시게

나는 일본 수상으로 지명될 정도로 힘있는 정치인이자 군부의 실력자였지요. 조선 총독부가 일본 본토로부터 많은 재량을 얻어 오도록 해 농촌 진흥 운동을 전개해서 조선 농민의 생활을 안정시켰지요.

피고 측 증인 한우익

나는 극단으로 치닫는 이념을 멀리하고 객관적인 입장에서 역사를 다시 보자고 주장하지만 실은 일본 측의 근대화 정책을 숭상하는 뉴라이트 역사가입니다.

"일본은 터무니없는 정책으로
우리 것을 모두 강탈해 갔어요"

햇살이 따스하게 내리쬐는 날. 산의 나무들이 빨갛고 노랗게 옷을 갈아입어 가을빛이 완연한 오전에 산 밑으로 난 조그만 오솔길로 두 사람이 소풍을 나가는 듯 가벼운 차림으로 경쾌하게 걸어가고 있었다.

"야, 가을이구나, 가을이야. 오 변호사, 이렇게 오랜만에 밖에 나오니 정말 좋군, 안 그래?"

"그러게. 사실 우리가 여태껏 법정 안에서 진실 공방을 한다고 어디 한번 맘 놓고 쉬어 본 적이 있어야 말이지? 오늘만큼은 편안히 쉬면서 가을을 즐겨 보자고."

나카무라 변호사가 한껏 들뜬 표정으로 말을 건네자, 오진실 변호사 역시 밝은 목소리로 답했다. 오진실 변호사와 나카무라 변호사는 서로 민족은 다르지만 같은 대학 동기로 오랜 친구 사이였다. 그래

왜 일본은 조선을 수탈했을까?

서였는지 나카무라 변호사는 한국에 대한 관심이 유독 많았다. 그런 두 사람이 오랜만에 나들이를 나온 것이었다.

"어떤가, 이쪽에 자리를 펴는 것이?"

"음, 좋은데? 앞에는 황금빛이 물결치는 논이 보이고, 뒤로는 산새들이 노래하고 단풍이 들어 알록달록한 숲이 배경으로 둘러친 자리라……. 나카무라 변호사, 역시 풍경을 보는 눈이 예사롭지가 않아. 좋아, 아주 좋아요!"

"하하, 쑥스럽게 왜 이래? 겸연쩍은 말은 그만하고 가져온 점심이나 먹자고."

"법정에서는 냉정하게 변호를 잘하는 사람이 이렇게 순진한 면도 있네요, 호호! 재밌네, 재밌어."

자리를 잡은 두 변호사는 가져온 김밥과 음료수, 과일 등을 나누어 먹으며 나무 밑 그늘에 앉아 느긋하게 경치를 즐겼다.

"나카무라, 역시 우리나라의 풍경은 참으로 아름다워. 저 논 앞 개울가의 꽃들을 봐요. 마치 이효석 선생이 노래한 메밀꽃밭에 온 것 같지 않아?"

"뭐, 잘은 모르지만 오 변호사의 비유가 가슴에 와 닿는군. 나도 한마디 하지. 조금 있다가 석양이 질 즈음 되면 우리도 술 익는 마을을 찾아 떠나는 나그네가 돼 보자고. 왜, 박목월 시인이 그러지 않았나? "술 익는 마을마다 타는 저녁놀"이라고. 내가 좋아하는 한국 시인이지."

"어머, 나카무라가 좋아하는 한국 시가 다 있다니……."

이효석
소설가로 1907년 강원도 평창군 봉평에서 출생했습니다. 1928년 『조선지광』에 「도시와 유령」을 발표하면서 등단했지요. 유명 소설로는 「메밀꽃 필 무렵」, 『화분』, 「분녀」 등이 있답니다.

박목월
시인으로 1916년 경상북도 월성군(지금의 경주)에서 출생했지요. 처음엔 동시를 쓰다가 『문장』을 통해 본격 시인으로 등단했어요. 조지훈, 박두진과 함께 낸 『청록집』이 유명하고, 첫 시집으로 『산도화』가 있답니다.

이걸 시작으로 두 사람은 한동안 두 나라의 문학 작품에 대해 이야기를 나누고 있었다.

그런데 갑자기 등 뒤에서 걸걸한 목소리가 들려왔다.

"조금 전에 두 분 뭐라고 하셨소?"

"아이쿠, 깜짝이야!"

화들짝 놀란 두 사람이 돌아보니, 그곳에는 화난 표정의 농투성이 한 명이 서 있었다.

"보아하니 도시에서 오신 분들 같은데……, 이효석 선생이나 박목월 선생이 살았던 일제 강점기에 우리 사는 꼴이 어떤 줄이나 알고 그런 말씀을 한단 말이오? 우리 시골 무지렁이와 달리 참, 팔자가 좋으신가 보구려?"

"아니, 그런 게 아니라 우리는 그저 경치가 좋아서……. 저기 잘 자란 곡식들을 보니 마음이 즐거워서……."

당황한 오진실 변호사가 변명을 하자, 농투성이 사내는 더욱 강한 어조로 쏘아붙였다.

"아하, 두 분 눈에는 저게 아름답게 보이쇼? 그렇지, 저게 다 그때의 우리 농민들이 먹고 쓰고 나눌 벼의 물결이었다면 그러겠지요. 하지만 이보슈들, 저건 다 일본 놈들이 가져갈 쌀들이었다오. 우리는 농사만 지을 뿐, 먹지도 못하는 쌀들이었단 말이오."

"아니, 그게 무슨 말입니까? 저 많은 쌀을 농부가 가져가지 못하고 일본 사람이 가져가다니요?"

"두 분은 토지 조사 사업에 산미 증식 계획이니, 미곡 공출이니 하

는 말도 못 들어 보셨소? 일제 강점기 때 말로는 조선 사람들을 위해
근대화를 시켜 주니, 개량된 쌀로 수확량을 늘려 배곯지 않게 해 주
겠다느니 꼬셔 놓고 우리 농민들을 수탈해 간 일본놈들의 징한 이야
기를 정말 모른단 말이오?"

두 눈에서 시뻘건 불똥이 튀는 사내의 말에 오진실 변호사가 당황
하는데, 멀리서 호루라기 소리가 들렸다. 쳐다보니 웬 일본 경찰 제
복을 입은 남자가 뛰어오고 있었다.

"뭐하는 자들이 모여 있는 건가? 혹시 독립군들 아냐?"

"웬 독립군?"

"그게 아니라 저희는 한국사 법정의 오진실, 나카무라 변호사인데 지금 이 농부의 말씀을 듣고 있었어요."

그 순간, 농부가 오진실 변호사의 손을 꼭 잡았다.

"이런, 선생님이 바로 그 유명한 오진실 변호사셨소? 잘되었구려. 나는 김매기란 사람인데 좀 도와주쇼. 일제 강점기 내내 터무니없는 농사 정책을 벌여 놓고도 조선 농업을 발전시켰다느니, 근대화의 새 길을 열었다고 주장하는 저 일본놈들을 사기죄로 고소하고 싶소이다."

"뭐, 우리를 사기죄로 고소해? 이런 건방진 조센징 같으니. 이놈아, 우리 천황 폐하와 조선 총독부가 너희 조선에 베풀어 준 은혜가 어딘데? 너희야말로 우리의 명예를 훼손하는 거야!"

김매기와 일본 경찰, 두 사람의 맞고함 소리가 고요하던 마을에 쩌렁쩌렁하게 울려 퍼졌다. 마구 화를 내던 일본 경찰이 갑자기 돌아서며 나카무라 변호사에게 말했다.

"아참, 일본인 변호사라고 하셨지요? 잘되었습니다. 우리를 고소한다는데 저놈들을 좀 혼내 주쇼."

오진실 변호사와 나카무라 변호사가 서로 바라보며 고개를 저었다. 두 변호사가 몸을 돌려 가려고 하자 김매기가 얼른 오진실 변호사를 가로막으며 다짐을 두었다.

"꼭 부탁드립니다. 내일 당장 찾아뵙지요."

이에 질세라 일본 경찰이 나카무라 변호사의 팔을 붙잡으며 말

왜 일본은 조선을 수탈했을까?

했다.

"그럼, 변호사는 우리 조선 총독부 변호를 맡아 주시오. 나도 내일 총독을 모시고 사무실로 찾아가겠소."

두 변호사가 어이없다는 표정으로 서로를 쳐다보다가 나카무라 변호사가 먼저 입을 열었다.

"역시, 우리는 법정에서나 봐야겠군."

"어쩌겠어? 이게 우리 일인데. 이번 사건도 만만치 않을 것 같군."

오진실 변호사와 나카무라 변호사는 또다시 한국사 법정에서 만날 날을 기약했다.

토지 조사령과 회사령

1905년 을사조약이 체결되고, 1906년 통감부가 설치된 이후 조선은 일제에 의해 많은 부분을 억압당하고 또 수탈당해야 했습니다. 그러다 1910년 국권까지 빼앗기게 되자 일제는 수탈의 검은 속내를 공공연히 드러내었지요. 나라를 빼앗은 일제는 토지 조사령과 회사령을 발표했습니다. 그들은 조선을 근대적으로 바꾸기 위한 조치였다고 주장하지만, 이 모든 조치가 조선의 경제를 갉아먹기 위해서였습니다.

한국인이 회사를 세울 때는 반드시 조선 총독부의 허가를 받아야 한다는 법이 바로 '회사령'인데, 이는 우리 민족의 산업 활동까지 간섭하기 위한 것이었습니다. 조선 총독부가 허가하는 조건을 어길 경우에는 총독부에서 사업을 금지시킬 수 있다는 내용을 담은 법이었습니다. 이는 조선을 일본 자본주의 성장의 밑거름으로 쓰기 위한 것이었지요.

또한 이와 비슷한 맥락에서 발표한 것이 '토지 조사령'인데, 토지 조사 사업을 펼친다는 내용입니다. 겉으로는 토지의 주인이 누구인지 법으로 정하고 토지의 가격을 정한다는 것입니다. 이 법에 따르면 토지를 가진 사람이 토지의 소유를 인정받고 싶으면, 30~90일 안에 서류를 준비해 신고를 하라고 했습니다. 땅을 신고한 사람의 소유로 인정한다고 말이지요. 서류가 복잡하고 신고 절차가 무척 까다로웠고, 여러 가지 분쟁이 발생하기도 했습니다. 그러자 조선 총독부는 조선 황실 소유지 및 국유 미간지 등 많은 땅을 빼앗아 버렸지요.

하루아침에 땅을 빼앗긴 조선 농민들은 일본인 지주의 소작농이 되어야만 했습니다. 이를 견디지 못한 사람들은 여기저기 떠도는 화전민이 되거나 먼 만주로 이주를 해야만 했지요. 이렇게 일제에 의해 발표된 회사령과 토지 조사령으로 조선인들은 고통을 겪고, 조선의 경제는 야금야금 갉아 먹혔습니다.

원고 | 조선 농민 연합회	대리인 | 오진실 변호사
피고 | 조선 총독부	대리인 | 나카무라 변호사

청구 내용

조선 총독부는 한일병합 이후 일본 천황의 대권을 받아 조선에서 독재 정부를 구성했습니다. 처음 한일병합을 할 때 일본 국왕은 칙유 (국왕의 명령)를 통해서 조선 농민의 번영과 생민의 안정을 약속했습니다. 그러나 조선 총독부는 그 약속을 어겼습니다.

1912년부터 토지 조사 사업이란 이름으로 농민들이 가지고 있던 영구 소작권이나 각종 권리가 위태로워지면서 토지 조사 사업으로 하루아침에 생계 수단을 잃은 농민이 허다했으며, 신고하지 않은 많은 땅이 국유화되었습니다. 그리고 일본인들이 손쉽게 조선에 이주, 정착할 수 있도록 동양 척식 주식회사를 만들어 농민들의 땅을 갈취했습니다. 이어서 산미 증식 계획으로 약간의 쌀 증산을 이루긴 했습니다만 일본은 조선 농민들이 피땀 흘려 거둔 쌀을 온갖 유혹과 협박으로 헐값에 사들여 본국으로 가져갔습니다. 그런데도 총독부 당국자들은 농민들의 땅이나 쌀을 수탈한 적이 없다고 합니다. 오히려 쌀 증산으로 번 돈으로 1930년대에는 조선에 공장이나 가게를 설립하는 밑천이 되었다고 허무맹랑한 주장을 합니다.

세상에 이럴 수가 있습니까? 총독부는 지주들, 특히 일본인 지주들이 토지를 넓히는 데 기여하는 정책만 확대했습니다. 게다가 지주들의 요구를 받아들여 각종 소작료가 천정부지로 뛰어오르는 것을 방관했습니다. 그리고 전쟁이 나자 공출로 쌀독 밑바닥까지 다 훑어 갔습니다. 이렇게 수많은 악행을 저지르고도 조선 총독부 관계자나 친일파들은 조선에서 산업을 부흥시켰다고 떠들고 다닙니다.

따라서 저희는 조선 농업 정책을 담당한 조선 총독부와 그 추종자, 그리고 식민지 미화론자들에게 조선 농민에 대한 범법 행위에 따른 죄를 묻고자 하며, 그래도 피고 측의 반성이 없을 때는 공문서 위조죄로 재판을 진행하고자 합니다.

입증 자료

- 초등학교 6-1 사회 교과서 및 6-2 사회탐구 교과서
- 고등학교 한국 근현대사
- 일제 강점기 조선 농촌의 생산이 늘고 농민생활이 상당히 개선되었다고 꾸미는 대안 교과서 및 식민지 미화론 계열의 논문과 저서들
  그 외 자료 추후 제출하겠음.

위 청구인 조선 농민 연합회
역사공화국 한국사법정 귀중

조선 땅, 빼앗은 적 없다?

1. 총독부의 농업 정책이 조선 농민의 행복을 위한 것이라고?
2. 토지 조사 사업, 수탈인가, 근대화인가?
3. 토지 조사 사업, 지주를 위한 것인가, 농민을 위한 것인가?

1

총독부의 농업 정책이 조선 농민의 행복을 위한 것이라고?

　　검은색 법복을 입은 판사가 근엄한 얼굴로 걸어 들어오자 장터처럼 시끌벅적하던 재판정 안의 소음이 잦아들었다. 판사가 재판정 한가운데 높은 의자에 앉자 이어 배심원들이 자리에 앉고, 방청객들도 자리에 앉았다. 방청객을 한번 휙 둘러보던 판사는 피고석에 앉은 조선 총독 데라우치와 우가키, 그리고 원고석에 앉은 조선 농민 연합회 대표를 번갈아 보더니 곧 눈을 소장으로 돌렸다. 잠시 침묵이 흐른 뒤 판사가 입을 열었다.

판사　　자, 그러면 이제부터 조선 농민 대 조선 총독부의 재판을 시작하겠습니다. 원고 측 오진실 변호인, 오늘은 무슨 진실을 밝히려고 소송을 제기한 것입니까? 간단하게 설명을 해 주시기 바랍니다.

오진실 변호사　네. 존경하는 판사님. 조선 총독부는 1910년, **한일병합** 이후 일본 천황의 대권을 받아 조선에서 사실상 단독 독재 정부를 구성했습니다. 말로는 조선 농민의 번영과 생활의 안정을 위한다고 했습니다. 처음에는 러일 전쟁에서도 승리하고 일본의 놀라운 발전을 본 우리는 그렇게 되리라 믿었는데 조선 총독부는 그 약속을 어겼지요.

판사　구체적으로 무슨 약속을 어겼다는 것입니까?

오진실 변호사　이루 헤아릴 수 없지만 무엇보다도 조선 농민을 잘살게 해 주겠다는 약속이 제대로 지켜지지 않았습니다. 약속의 근거는 한일병합에 즈음하여 조선인들의 안녕을 위해 산업을 발전시키고 복리를 확대하겠다는 메이지 일왕의 약속이 그것이지요. 증거 자료로 병합 당시 메이지 일왕이 한일병합의 앞날에 대해서 말한 성명서를 재판부에 제출하겠습니다.

　　일본 왕의 한일병합의 변

　　— 한국을 제국에 병합하는 건(1910년 8월 29일)

　　지난 4년여 동안 짐의 정부는 예의 한국 시정의 개선에 힘써 괄목할 만한 성과도 있었으나, 한국의 현 제도는 치안이 완전치 못하고 불신의 마음이 가득 차 민심이 안정되지 못하고 있다. 공공의 안녕을 유지하고 민중의 복리를 증진시키기 위해 현 제도에 혁신을 일으켜야 함은 자명하다.

안무
백성의 사정을 살펴서 어루만져
위로해 주는 것을 말합니다.

시정
당시의 정치나 행정에 관한 일을
말합니다.

짐은 한국 황제 폐하와 함께 이 사태를 보고 일본 제국에 병합하여 시세의 요구에 부응하지 않으면 안 된다고 생각하여 이에 영구히 한국을 제국에 병합하기로 했다. 한국 황제 폐하와 황실 각원은 병합 후에도 상당의 예우를 받을 것이고, 민중은 직접 짐의 안무(按撫) 안에서 행복을 증진시키고, 산업과 무역은 치평성세 하에서 현저한 발달을 보기에 이를 것이다. 이로써 동양 평화의 기초가 강고해질 것임을 짐은 믿어 마지 않는 바이다.

판사　제출하십시오.

오진실 변호사　그러나 일본은 단순히 조선의 국권을 집어삼킨 것에 그치지 않고, 그들의 목적을 위해서 조선 농민의 먹을거리와 잠자리를 유린하고 수탈했다는 점입니다. 결국 조선인의 고통 위에 그들은 대륙 침략을 감행해 놓고 조선 사회를 개발했다고 합니다.

나카무라 변호사　이의 있습니다. 오진실 변호인은 임의적으로 조선 총독부의 시정(施政)을 왜곡하고 명예 훼손을 하고 있습니다.

판사　일단 원고 측의 고소 이유를 제대로 들어 보고 난 후에 결정하도록 하겠습니다. 오진실 변호인, 계속하세요.

오진실 변호사　제가 임의적으로 왜곡했다고요? 과연 그럴까요? 일본 제국이 우리 국권을 빼앗은 후 총독부를 설립하고 실시한 사업 중에서 토지 조사 사업이란 것이 있지요? 그것은 일본 제국주의의 속내가 적나라하게 반영된 나쁜 정책이었습니다. ▶총독부는 토

지 조사 사업이라고 하여 6년에 걸쳐 전국의 토지를 측량하고 새로운 소유자를 지정했습니다. 그런데 이 사업이 졸속으로 이루어지는 바람에 땅주인이 되어야 할 조선 농민은 오히려 그 땅에서 쫓겨나고 말았습니다. 종래에는 오래전부터 유지되던 영구 소작권은 물론이고 모든 권리가 지주에게 돌아감으로써 농민들은 하루아침에 생계 수단을 잃은 경우가 허다했습니다. ▶▶그리고 신고하지 않은 많은 땅은 국유화해 버렸습니다. 그러면서 일본인들이

▶ 일제는 토지 소유관계를 근대적으로 정리한다는 명분으로 토지 조사 사업을 추진하였고, 이 과정에서 소수 지주를 제외한 대다수의 농민이 급속하게 몰락하고 맙니다.

▶▶ 문중 토지나 공유지, 왕실 등에 속해 있던 토지를 주인 없는 토지로 분류하여 총독부의 소유로 삼았습니다.

손쉽게 조선에 이주할 수 있도록 동양 척식 주식회사를 만들고, 농민의 땅을 헐값으로 수탈했습니다. 그래서 일본을 상대로 농민들의 억울함을 밝히려고 이 소송을 제기한 것입니다.

　　오진실 변호사가 조선 총독부를 상대로 소송을 제기한 이유를 설명하자, 법정은 순간 소란스러워졌다. 방청객들은 삼삼오오 숙덕거리며 울분을 토했다.

판사　방청석에 계신 여러분, 조용히 해 주세요. 신성한 한국사법정에서 떠드시면 안 됩니다. 법정 소란죄라는 죄가 있음을 기억하시기 바랍니다.

　　판사가 강경하게 말하자, 법정 안은 이내 조용해졌다.

일제의 경제 수탈에 앞장 선 동양 척식 주식회사

판사　오진실 변호인의 소송 청구 이유를 잘 들었습니다. 핵심만 잘 요약해서 말씀해 주셨네요. 좋습니다. 그럼 피고인 조선 총독부 측에 발언의 기회를 주겠습니다. 자, 피고 측의 변호를 맡은 나카무라 변호인, 변론해 주세요.

자신을 바라보는 방청객들의 따가운 시선이 불편한지 나카무라 변호사는 헛기침으로 목소리를 가다듬고는 변호를 시작했다.

나카무라 변호사　　존경하는 판사님과 배심원 여러분, 오늘 원고 측 변호인이 조선 총독부를 고발한 내용은 대부분 오해에서 비롯된 것이라 하겠습니다. 일제 강점 시대에 조선 농민들이 힘든 시절을 겪은 것은 사실입니다. 하지만 이는 조선을 근대적으로 개조하려는 조선 총독부의 노력과 그것을 이해하지 못한 조선 농민 사이의 오해에서 나온 것일 따름입니다. 아직 자본주의 경제를 겪어 보지 못한 조선 농민들에게 좀 더 발전된 형태의 경제 체제를 전파하려다 보니 오해가 생겼던 것이죠. 만일 조선 총독부의 원래 의도를 제대로 이해했다면 오늘의 재판은 불필요한 것이라는 생각을 하게 될 것입니다.

판사　　흠, 이 모든 것이 오해로 인한 것이라……. 어디서 많이 들어 본 말 같군요. 뭐, 좋습니다. 그렇다면 그 오해를 풀어 줄 사람이 있습니까?

나카무라 변호사　　예, 이를 위해 우선 조선 총독부의 초대 총독이었던 데라우치 마사타케를 증인으로 세우려고 합니다.

판사　　그래요? 좋습니다. 증인은 앞으로 나와 선서를 해 주기 바랍니다.

　　방청객들과 배심원 모두의 시선이 일제히 데라우치 마사타케 총독에게 쏠렸다. 풍채가 좋고 서글서글한 인상이지만 눈매만큼은 날

악습
나쁜 습관을 말하지요.

선각자
남보다 먼저 사물이나 세상일을
깨달은 사람을 일컫습니다.

카로웠다. 총독이 자리에서 일어나자 방청객들은 우우~ 하는 야유를 보냈다. 데라우치 마사타케 총독은 무표정한 얼굴로 걸어 나왔다.

나카무라 변호사　판사님, 이의 있습니다. 공정해야 할 법정에서 야유라니요! 방청객들의 주의를 부탁드립니다.

판사　좋습니다. 방청객 여러분은 신성한 법정에서 직접 증인을 비난하는 말이나 행동은 삼가 주시기 바랍니다. 그리고 피고 데라우치 마사타케 조선 총독은 선서를 해 주세요.

데라우치 마사타케　나는 진실만을 말할 것을 선서합니다!

판사　그러면 이제 자신의 입장을 밝혀 주시기 바랍니다.

데라우치 마사타케　조선 총독을 지낸 데라우치 마사타케입니다. 우리 조선 총독부는 일본 본토에 있는 제국 정부만을 위해서 조직된 단체가 아니었습니다. 우리는 조선인들의 현실적 고통이 무엇인지, 조선인들이 무엇을 생각하는지 늘 궁금했지요. 솔직히 말씀드려서 옛날 조선은 적지 않은 **악습**에 고통을 겪고 있었습니다. 그래서 새로운 사회를 이루려는 조선의 선각자들과 힘을 합쳐서 조선 총독부를 세웠던 것입니다.

판사　좀 더 구체적으로 말씀해 주세요.

데라우치 마사타케　뭐…… 우선 저희 총독부는 수천 년 동안 중국의 압박을 받으며 신음하는 조선을 해방시켰고, 옛날의 악습을 타파하고, 새롭고 신기한 근대의 우수한 문물을 조선에 옮겨 준 공로자

입니다. 그런데도 이런 비난을 받다니 참으로 억울합니다.

"뭐야? 데라우치는 조선인에게 저지른 가혹한 억압과 폭력에 대해 사과하라! 사과하라!"

성난 방청객들이 자리에서 벌떡 일어서며 욕설과와 비난을 퍼부었다.

판사　　　조용! 장내 조용히 해 주세요!
데라우치 마사타케　　　음음……, 나는 조선 농민들이 자유롭게 토지

천수답
빗물에 의해서 벼를 심어 재배
할 수 있는 논을 일컫지요.

볍씨
못자리에 뿌리는 벼의 씨를 말
합니다.

음해
드러내지 않은 채 음흉한 방법
으로 남에게 해를 가하는 것을
말합니다.

를 팔고 사고 할 수 있고, 거기서 나온 생산물을 자신의 소유로 하여 쉽게 팔아서 생활을 영위할 수 있는 제도를 만들려고 했습니다. 시행 과정에서 조선 농민 측이 말하는 것과 같은 수탈은 거의 없었다고 봅니다. 어차피 새로운 제도를 만들려고 하면 약간의 시행착오는 있는 것 아닙니까? 우리 일본 제국이 조선의 문명화와 근대화를 위해 얼마나 많은 노력을 한 줄 아십니까? 무엇보다 구불구불한 천수답에서 얼마 안 되는 쌀로 겨우 연명하던 조선인들에게 우수한 볍씨와 농업 기술을 전파했어요. 이렇게 농업을 발전시켰는데도 마치 우리 총독부가 조선인들을 수탈했다고 음해를 하는 건지…….

너무나 당당한 데라우치 마사타케 총독의 태도에 전국 농민회 회원들로 보이는 사람들이 격분해 항의했다.

"일본인 당신네들이 한 것이라곤 일본인 지주들만 배불리고, 조선의 그 많던 나락을 몽땅 일본으로 가져갔잖아? 이것이 수탈이 아니면 뭐가 수탈이야!"

하지만 그런 비난에도 데라우치 총독은 차갑게 청중들을 보며 혼자 중얼거렸다.

"도대체 조센징들은 은혜를 모르는 미개한 족속들이지. 뭐가 문제라는 거야, 대체. 그만큼 해 주었으면 되었지, 쿵."

그 말을 들은 오진실 변호사가 판사에게 항의했다.

오진실 변호사   판사님, 이의 있습니다. 재판 중에 피고 측 증인이 법정을 모독하고 한국인의 명예를 훼손하는 발언을 하고 있습니다.

판사   증인, 발언을 자제해 주세요. 그렇다면 증인은 무슨 근거로 토지 조사 사업이 조선 농민의 땅을 빼앗은 것이 아니라는 것입니까? 그 이유를 말해 주세요.

데라우치 마사타케   좀 더 자세한 것은 어기짱 농림국장이 말해 줄 것입니다.

판사   총독은 더 이상 할 말이 없다는 건가요? 증인은 자신을 위한 변호도 제대로 준비를 안 해 왔다는 거군요.

판사가 여전히 오만한 데라우치 총독을 쏘아보며 한마디 하자 나카무라 변호사는 판사에게 변명을 하려고 몸을 일으키다가 다리에 힘이 빠졌는지 도로 주저앉았다.

판사   양쪽 변호인은 증인 신문을 더 하시겠습니까?

오진실, 나카무라 변호사   질문 없습니다!!

판사   증인은 이만 자리로 돌아가도 좋습니다.

2

토지 조사 사업, 수탈인가? 근대화인가?

판사 그럼, 어기짱 농림국장은 나와 선서를 해 주세요.

어기짱 선서! 나는 진실만을 말할 것을 선서합니다.

판사 증인은 자기소개를 하고 말씀을 시작하시기 바랍니다.

어기짱 나는 어기짱이라 합니다. 당시 조선 총독부 농림국장 자리에 있었습니다. 우리는 조선을 병합한 지 두 해 건너 1912년부터 토지 조사 사업을 시작했습니다. 약 6년간에 걸쳐 전국에 있는 토지의 면적과 형태와 위치를 조사하여 등급과 가격을 사정하고, 소유권자를 확인하는 사업을 펼쳤지요. 그리하여 전국 487만 정보에 대한 토지 조사를 실시했는데, 이것은 당시 조선에 있는 모든 논과 밭을 합친 크기입니다. 이 중에서 밭이 250만 정보였지요.

오진실 변호사 저도 사업의 본래 목적이 그것이라고 들었습니다.

증인이 보시기에 이 사업이 본래의 목적에 부합되게 잘 실시되었다고 보십니까?

어기짱　그것은 보는 사람에 따라 평가가 달라질 수도 있겠지만 나는 적어도 이 사업이 조선 사회에 근대적 소유권 제도의 확립이라는 이상을 충실히 반영했다고 봅니다. 그리고 결과적으로 조선이 근대적 산업 사회로 나아가게 하는 데에도 크게 기여했다고 생각합니다.

> **사정**
> 조사하거나 심사하여 결정하는 것을 말합니다.
>
> **정보**
> 땅 넓이의 단위입니다. 1정보는 3000평으로 약 9917.4m²에 해당합니다.

"근대화? 근대적 소유권 제도? 토지 조사 사업은 그냥 땅을 조사한 건데 그것하고 무슨 상관이람?"

"근대 산업 사회를 만들어 주었다고? 일본인 자기네들의 토지를 확보하고 사업을 넓히려는 수작에 불과해 놓고……. 에이, 그런 말도 안 되는 소리 집어치워!"

법정 안이 다시 소란스러워지자 판사가 나서서 의사봉을 두드리며 주의를 주었다.

판사　조용히 하세요! 조용히! 오 변호인, 계속 진행해 주세요.

오진실 변호사　증인의 말대로 하면, 토지 조사 사업은 조선 후기 이래 토지에 대한 개개인의 소유권이 점차 발전해 온 관점에서 봐야 합니다. 그런 조선 사회의 발전, 즉 조선인의 실질적인 토지 소유 의식이 발전한 상태에서 일본이 나서서 토지 조사 사업을 벌이고 토지 소유권과 토지 가격 및 토지 형태를 조사한 점도 인정합니다. 나

일물일권주의

모든 상품이나 재화에는 반드시 배타적 권리자가 한 사람뿐이라는 원칙입니다. 사유 재산을 철저히 보장한다는 근대 민법의 원칙이지요.

아가 부동산 등기 제도라는 것을 만들어서 토지에 대한 소유권이 누구누구의 권력이나 제도에 의해서 침해받지 않게 된 것, 즉 배타적 소유권을 법적으로 보장할 수 있는 기회가 된 것도 인정합니다. 나아가 법적으로 토지 소유권을 보장함으로써 토지 소유의 안정성을 확고히 한 점 또한 동의합니다. 그 부분은 제대로 정리했습니다.

어기짱 뭐…… 우리가 잘 정리했다니 다행입니다. 그런데 조선 후기 이후로 조선인들에게서 토지의 개인적 소유 의식이 발전하고 있었다는 생각은 잘못된 것 같습니다. 그렇다면 우리가 군이 토지 조사 사업을 실시했겠습니까? 오 변호사님은 마치 근대적 소유권에 대한 인식이 한국인 스스로가 만들었다고 생각하시는 겁니까? 전혀 그렇지 않습니다.

오진실 변호사 일단 그 문제는 이 정도로 하시고요. 중요한 것은 일제에 의한 토지 조사 사업이 전적으로 조선의 근대화에 크게 기여한 사업이라고 미화하는 점에 있습니다. 증인은 이 문제를 어떤 근거에서 그렇다고 보십니까?

어기짱 모름지기 근대 사회는 근대 민법의 기본 정신인 일물일권주의에 입각하여 개인의 사유 재산권을 절대적인 권리로 봅니다. 그래서 재산을 운용하거나 처분하는 일은 오로지 그것을 소유한 당사자의 생각에 의해서, 그리고 당사자의 계약에 의해서 이뤄집니다. 그런 면에서 토지 조사 사업은 그런 개인 재산권을 보장하기 위하여 부동산에 관한 여러 가지 민법의 권리를 국가가 정한 형식으로 등록

하는 사업이었습니다. 요컨대 조선 총독부는 한국을 근대적인 나라로 만들기 위한 전체적인 전망에서 이른바 토지 조사 사업을 실시했습니다. 이래도 토지 조사 사업이 욕을 먹어야 하는지요?

조선 민사령
일제 강점기에 조선인에게 적용되었던 민사에 관한 사항을 규정한 기본 법규입니다.

오진실 변호사　종래 불완전하던 개인 재산권이 토지 조사 사업으로 비로소 보호될 수 있었다고 보는 점에는 동의합니다. 그런데 토지 조사 사업이 조선의 근대화에 어떻게 기여했다고 하는 겁니까?

어기짱　내 얘기를 들으신다면 이해하실 것입니다. 우리는 토지 조사 사업으로 발생하는 개인의 권리를 보장하기 위하여 1912년 조선 민사령을 공포하여 조선에서 활동하는 사람들이 자유롭게 토지와 자원을 거래할 수 있게 했습니다. 또한 사유 재산권과 경제 활동의 자유를 획득하도록 했습니다. 따라서 이들 제도를 실시한 조선 총독부는 나름으로 조선을 생각하고 조선인의 발전에 기여했다는 점, 나아가 대한 제국의 근대화에 큰 기여를 했다고 생각합니다.

방청석에 있던 한 노인이 자리에서 벌떡 일어나며 소리쳤다.

"조선 민사령으로 자유로운 인간관계의 수립이라는 이상이 실현되었다고? 그런 자유로운 시절이었다면 왜 헌병이 칼 차고 사람들 때리고 했느냐, 이놈아?"

판사　방청석에 계신 여러분! 개인적인 이야기는 그만하시고 조용히 해 주시길 바랍니다. 신성한 법정에서는 양측이 동등한 입장으로 이야기할 수 있어야 합니다. 끝까지 조용히 들어주시기 바랍니다.

오진실 변호사   증인은 토지 조사 사업이 조선인 개인이 근대적 민권을 획득하고, 그들의 자유로운 의사에 의한 재산 축적과 경제 활동을 가능하게 하는 데 크게 기여했다고 말씀했습니다. 그렇다면 조선인이 근대적 민권을 획득했다고 말하면서 1910년대에 이른바 ▶무단 정치를 벌인 이유는 무엇입니까? 증인이 조선인 개인에게 민권을 주고 사적 권리의 주체로 나아갈 수 있게 조치한 것이 조선 민사령이었고 토지 조사 사업이었다면, 우리가 아는 무단 정치는 무엇입니까?

어기짱   무단 정치요? 그런 개념은 조선인들이 자신들의 독립운동을 정당화하기 위하여 내세운 개념이지 총독부가 무단 정치라고 말한 적은 없어요.

오진실 변호사   칼 차고 검을 휘두르며 모든 영역에서 검열과 시찰 단속을 행하고 **태형**을 부활하고 헌병이 경찰 역할까지 하면서 즉결 처분권까지 부여하여 조선인에 대한 폭력을 행사한 이야기는 그냥 소설에서 지어 낸 이야기입니까? ▶▶총독부와 종교계가 발간하는 잡지를 제외하고 모든 한글 신문과 잡지를 폐간한 것은 무엇입니까? 조선인들의 자유로운 영업 활동을 막고자 했던 **조선 회사령**은 또 무엇입니까? 그 모두가 조선인들에게 공포를 심어 주는

민권

모든 국민이 국가로부터 차별 대우를 받지 않고, 또 국가에 대하여 평등한 처우를 요구할 수 있는 헌법상의 기본권을 말하지요.

태형

죄인의 볼기를 작은 형장으로 치는 형벌입니다.

조선 회사령

회사령은 한일합병 이후 조선 총독부가 한국인의 산업 활동을 제한하기 위해 제정한 법령입니다.

교과서에는

▶ 군대나 경찰 따위의 무력으로 행하는 정치로 일제는 헌병 경찰 제도를 실시하여 한국인을 감시하고 억압하였습니다.

▶▶ 일제는 애국적인 언론 활동이나 출판물, 각종 단체의 활동을 철저히 탄압하였습니다. 일제는 한국 강점 이후엔 『황성신문』, 『대한매일신보』 등을 폐간했고, 역사서나 잡지들의 출판도 금지하였지요.

44   왜 일본은 조선을 수탈했을까?

행동 아니었나요? 그러면서 민권을 말하고 자유로운 계약을 말하는 것이 가능합니까?

어기짱 　그러한 사안은 경무국장에게 물어보십시오. 나는 농림국장이라서 그 부분은 잘 모릅니다.

오진실 변호사 　조선 민사령과 토지 조사 사업이 조선인들에게 민권과 자유를 주었다는 이야기인데, 증인도 알다시피 1910년대는 민권과 자유는커녕 총독부의 폭력과 강압이 지배하던 무단 정치 시기였지 않습니까? 지금까지 그 어떤 연구에도 1910년대는 무단 정치 시대였지, 민주 시대였다고 말한 사람이 없습니다. 도대체 민주적인

일본은 신문지법을 발표해 대한 제국 시기의 신문을 모두 폐간하여 언론을 통제하였습니다. 사진은 1905년 을사조약에 대해 장지연이 쓴 「시일야 방성대곡」으로 잘 알려진 『황성신문』

발전이 있었다는 연구가 어디 있습니까?

어기짱　그런가요? 정말 그렇게 말씀하신다면 어쩔 수 없군요. 우리 대일본 제국이 조선을 병합하여 식민지에다 빠른 시일 내에 새로운 정책과 명령을 시행하다 보니 미개한 조선인들은 아직 개명된 일본이 주는 근대적 질서를 받아들일 만큼 수준이 높지 않았습니다. 그래서 조선의 시정을 맡으면서 말이 통하지 않는 조선인에 대하여 어쩔 수 없이 강압적인 통치를 할 수밖에 없었습니다. 조선 민사령의 효력이 발생하기에는 아직 시간이 일렀다는 말이지요.

오진실 변호사　증인 스스로도 1910년대에는 강압적인 통치가 이루어졌다는 점을 인정하시는군요.

어기짱　그렇습니다. 왜냐하면 조선 사회의 전통적인 관행이 너무나 굳건하여 근대적인 제도의 토착화가 무척 힘들었기 때문입니다. 도대체 우리가 들어오기 이전의 조선에서 근대적 개혁이 한 번이라도 제대로 시행된 적이 있습니까? 언제나 양반이나 관료 등 지배계급이 만든 전통과 관행을 기반으로 해서 자신들의 기득권을 유지해 오지 않았습니까?

오진실 변호사　한일병합의 책임이 조선인에게 있다는 말처럼 들리는군요. 조선인들이 자발적으로 망할 나라를 일본에 바친 격이군요.

나카무라 변호사　이의 있습니다. 불필요한 의미 확대로 피고 측 증언에 제동을 받고 있습니다. 정정을 요구합니다.

　왜 일본은 조선을 수탈했을까?

판사　오진실 변호인은 조심해 주시길 바랍니다. 그리고 어기짱 농림국장은 계속 증언해 주세요.

어기짱　그런 악습을 해결하고자 우리로서는 일정 부분 강권을 사용할 수밖에 없었습니다. 병합 후 무단 정치는 농민들이 과거의 관습에 얽매여서 자신의 소유지를 확보하지 못하고 관료와 양반 지주 등에게 수탈을 당하는 상황으로부터 해방시켜 주었습니다.

오진실 변호사　참 재미있는 말씀을 하시네요. 무단 정치가 조선의 기득권 계급으로부터 조선 농민들을 지켜 주기라도 했다는 말인가요?

어기짱　뭐, 그런 면도 없지 않지요.

오진실 변호사　그래서 회사령이나 신문지법(新聞紙法) 등을 이용해서 조선인 자산 계급을 견제하고, 총독 암살 음모 사건을 조작해서 민족 인사 600명이나 검거 투옥한 것이라고요? 그렇다면 독립운동을 전개한 사람들은 대부분 조선에서 잘나가던 높은 신분의 계급, 즉 기득권 계급이었고 그들은 이전의 힘과 기득권을 계속 가지고자 하는 욕심으로 일본 제국주의에 저항한 것이라는 말입니까?

어기짱　그렇지요! 사회의 유리한 권리를 한 손에 거머쥔 무리들이 조선에 새로운 지배자인 일본이 등장하자 긴장한 것이지요. 그래서 독립운동이라는 명분을 내걸고 자신의 권력을 유지하고자 했지요. 불쌍한 농민들 입장에서야 지배자가 일본이면 어떻고 조선이면 어떻다는 겁니까? 그들의 수탈이 얼마나 가혹했으면 일본에 나라가

강권
국가가 사법적, 행정적으로 행사하는 강력한 권력을 말합니다.

신문지법
대한 제국 법률 제1호로서 신문을 단속할 목적으로 제정된 법이지요. 일제 강점기에 언론의 자유를 억압하는 도구로 이용되었답니다.

악폐
나쁜 폐단을 이르는 말입니다.

뉴라이트
1980년대에 등장하여 영국의 대처 수상, 미국의 레이건 행정부의 정책 기조를 이룬 사상으로, 양극단의 이념을 비판하고 중도 보수의 가치를 내세운 사상이지요.

빼앗겨도 아무런 저항도 하지 않았겠습니까?

오진실 변호사　　그렇다면 반대로 일본과 힘을 합쳐 조선의 합병을 주장한 사람들을 기득권과 전통적인 악폐를 없애고 조선의 근대화를 추구하거나 근대화를 기대한 사람들이라고 봐야 한다는 논리네요? 과연 그럴까요?

어기짱　　우리의 이런 주장은 일방적인 것이 아닙니다. 지금 한국에 **뉴라이트**(new right)라는 역사학자들이 활동하고 있는 것으로 아는데, 그들이 낸 책에도 똑같은 주장이 담겨 있어요. 저기 뉴라이트 역사학자 한우익 씨가 와 있군요. 안 그렇습니까? 한우익 씨!

어기짱이 방청석에 앉아 있는 한 중년 남자를 가리키며 묻자, 한우익이라는 남자가 잠시 당황해 하더니 금세 자리에서 일어나 말문을 열었다.

한우익　　조선 민사령으로 일본인이 한국에서 토지와 자원의 재산권을 확보하고 자유롭게 경제 활동을 하도록 보장받았던 것은 사실이라고 봅니다. 그런데 조선인은 그럴 수도 있고 아닐 수도 있고……

갑자기 방청석에서 청중들의 웅성거림이 들렸다.

"뭐야? 뭐야, 저건?"

"재판 중에 누구야?"

"한우익이 누구야!!!"

방청객의 고함 소리와 눈초리에 겁먹은 한우익은 급히 방청석을 빠져나가면서 중얼거렸다.

"저 어기짱 농림국장 정말 밥맛이군. 우리가 그렇게 도와줬으면 알아서 잘 해야지……. 어유, 저런 바보!"

판사 　증인은 변호사의 질의에 충실히 답변하세요. 임의적인 행동은 재판의 존엄성을 해칠 수 있습니다. 그리고 뉴라이트 역사학자의 증언을 받으려면 변호인을 통해 재판부에 정식으로 증인 신청을 해 주시기 바랍니다.

어기짱 　한국 학자들 중에서도 일본이 조선을 병합하면서 "조선을 근대화했다"라고 주장하는 사람이 얼마나 많은데, 왜 굳이 우리에게 따져 묻는지 모르겠군요.

오진실 변호사 　증인은 지금 교묘한 발언으로 자신을 스스로 변호하고 있군요. 겉으로는 우리 주장에 일리가 있다고 인정하는 척하지만, 실은 자신이 죄가 없다는 것을 확실히 하고 있네요. 증인, 신성한 법정에서 거짓말을 하면 증인의 죄가 더욱 가중된다는 것을 잊어서는 안 될 것입니다.

오진실 변호사가 날카롭게 쏘아붙이자, 나카무라 변호사도 일어나 큰 소리로 판사에게 항의를 했다.

신고주의
조선 총독부가 정한 일정 기간 안에 토지 소유자의 신고를 받는 것을 원칙으로 신고한 토지만 신고자의 것으로 인정하였습니다.

갈취
남의 것을 강제로 빼앗는 것을 말합니다.

나카무라 변호사 판사님, 증인은 거짓말을 하지 않았습니다. 원고 측 주장과 달리 자신이 죄가 없음을 분명히 밝혔을 뿐입니다.

판사 나카무라 변호사의 이의 제기를 받아들입니다. 오진실 변호인은 주의해 주시기 바랍니다.

오진실 변호사 죄송합니다. 저도 모르게 화를 냈네요. 증인에게 계속 묻겠습니다. 결과적으로 농림국장은 본 토지 조사 사업에서 근대적 토지 소유 제도가 강조되었다고 하십니다만, 중요한 것은 이 사업이 단순히 토지의 소유권 확립만을 목표로 한 것이 아니라 식민지 통치의 토대를 구축하기 위한 것이 아니었나요?

어기짱 그렇지요. 정치가 그런 것 아닙니까? 아니라고 말 못할 것입니다.

오진실 변호사 분명한 것은 토지 조사 사업 이후 총독부는 이렇게 성립된 재산권과 사유 재산 제도를 빙자하여 동양 척식 주식회사 등을 동원하여 조선에서 땅을 손쉽게 매입했다는 사실입니다. 게다가 신고주의를 표방하여 문맹인 농민들이 미처 신고하지 못한 땅을 임의로 갈취했으며, 이렇게 마련한 토지를 이주한 일본인들에게 싸게 분양하여 잘 정착할 수 있도록 도와주었습니다. ▶따라서 총독부는 조선인의 땅을 빼앗아 일본인에게 넘겨주는 또 다른 투기 브로커였다고 할 수 있습니다.

나카무라 변호사 판사님, 이의 있습니다. 투기 브로커 같은 용어는 피고인의 인격을 심히 모독하는 무책임한 언동

교과서에는

▶ 총독부는 조선 농민들에게 약탈한 토지를 일본인이 경영하는 토지 회사나 한국에 건너와 정착하려는 일본인에게 싼 값에 넘겼습니다.

입니다. 시정을 요구합니다.

판사　인정합니다. 원고 측 변호인은 재판정에 어울리는 용어로 순화해서 신문해 주길 바랍니다.

오진실 변호사　알겠습니다. 판사님, 신고주의는 이 사업의 역사적 특성을 이해하는 데 중요한 대목입니다. 신고주의와 관련하여 자세한 설명을 해 줄 원고 측 증인을 소환하겠습니다.

판사　그렇게 하시지요.

오진실 변호사　조선은행 조사부에서 근무했던 양심한 증인 나와 주세요.

양심한　전직 조선은행 조사부에서 근무했던 양심한입니다. 재판에서 일체의 거짓말을 하지 않을 것을 맹세합니다.

판사　알겠습니다. 원고 측 변호인은 증인을 신문하세요.

오진실 변호사　증인은 조선은행 조사부에 근무하셨다고요.

양심한　일제 강점기에 조선인으로서 들어가기가 참으로 어려운 자리였습니다. 조선인 중에서도 최고 학부를 나와야 들어갈 수 있는 몇 개 안 되는 자리였지요. 일본이 조선을 지배하는 데 필요한 경제 통계나 각종 경제지표를 조사하고 관리하는 기관이 바로 우리 조선은행 조사부의 임무입니다.

오진실 변호사　대단하십니다. 일본인과 어깨를 나란히 할 정도의 자리에 오르셨다면 정말 고생 많았겠습니다. 동료 일본인과도 친분이 있었을 텐데 이렇게 증언에 흔쾌히 나와 주셔서 감사합니다.

양심한　나는 비록 식민지 조선에서 여러 가지 경제지표를 조사하고 통계치 등을 정리하는 하급 공무원에 불과했지만 당시 조선의 경제 상황을 손바닥 보듯이 알 수 있는 자리에 있던 사람이었습니다. 데라우치 총독은 한일병합과 토지 조사 사업이 마치 조선인을 위한 시정이나 은혜 베품이라고 말하는 것을 듣고 격분하여 이렇게 증언에 나선 것입니다. 아무리 격분해도 일단 진실만을 말할 것을 다시 한 번 약속합니다.

오진실 변호사　감사합니다. 증인! 이것 하나만이라도 제대로 해명해 주셨으면 합니다. 앞서 나온 총독부 농림국장은 토지 조사 사업으로 조선이 근대화되었고, 조선 농민의 토지 소유가 확대되거나 생활이 나아졌다고 주장하고 있어요. 그리고 총독부나 일본인들은 전혀 조선인의 토지를 수탈한 적이 없다는 것입니다. 과연 그것이 사실입니까?

양심한   나는 경제 통계를 담당한 공무원이었기에 데이터나 통계 수치로만 당시의 실상을 말씀드리겠습니다. 토지 조사 사업에는 총 2040만 원의 자금이 들었지요. 그리고 부동산 등기령, 농지 매매령 등이 연계되면서 그것들은 전체적으로 일본인의 토지 구입을 용이하게 하는 정책이었습니다. ▶조선인들의 일부는 신고제 문제 때문에 자신이 보유한 토지로부터 쫓겨나는 신세가 되기도 했습니다.

오진실 변호사   농림국장, 증인은 이에 대해 어떻게 답변하겠습니까?

어기짱   우리는 신고주의를 이용해 농민들의 토지를 약탈한 것이 아니며, 민유지를 약탈하여 국유지화하지도 않았습니다. 신고를 못 해서 문제가 된 경우는 얼마 되지 않았고, 무엇보다 국유지로 혼입된 민유지를 구제하기 위한 조치도 있었습니다. 지세 부담도 그다지 높지 않았지요. 그런데 왜 토지 조사 사업이 강압적이고 수탈적이라는 주장을 그치지 않는지 이해가 되지 않아요. 토지 조사 사업은 근대화의 이정표라고 해도 과언이 아닙니다.

오진실 변호사   그러면 양심한 증인에게 지세 부과 문제에 대해서 묻겠습니다. 농림국장은 토지 조사 사업으로 농민들에게 세금을 올리는 등 농민에게 부담 주는 일은 하지

민유지
개인이 소유한 땅을 말하는 것으로, 나라가 소유한 땅은 국유지라고 합니다.

이정표
어떤 일이나 목적의 기준을 가리키는 말입니다.

교과서에는

▶ 조선 후기 이래 지속되어 온 관습상의 경작권, 개관권 등이 철저히 부정되어 경작 농민들은 땅을 잃게 됩니다.

않았다고 하는데 그 말이 진실입니까?

양심한　　무슨 말씀인지요? 당시 말로는 총독부가 일본 본토에서 돈을 많이 끌어와서 조선에 철도도 놓고 공장도 짓고 하겠다고 했지만 정작 일본 본토에서는 조선에 보내는 보충금이라는 보조금도 해마다 삭감했어요. 그래서 조선인 농민이나 땅주인에게 부과되는 지세는 점차 높아졌습니다.

오진실 변호사　　아, 그렇군요. 잘 알겠습니다. 그럼 어기짱 증인에게 다시 묻겠습니다. 토지 조사 사업은 총독부 입장에서도 당시 새로운 세금 수입이 없으니 지세 수입을 확대하여 세원을 더욱 많이 거둬들이게 된 것이 아닙니까?

어기짱　　그런 일 없다지 않습니까? 나 참, 참으로 끈질기군요.

양심한　　아닙니다. 내 말이 맞습니다. 다시 말하지만 당시 조선으로 들어오던 일본 정부의 보충금이 1912년 이후 급속히 줄어들고 있었어요. 그래서 지세가 급증한 것이지요. 그 당시 내가 알기로 지세 부담이 두 배 정도 증가했지요. 더 상세히 말씀드려야 하나요?

오진실 변호사　　양심한 증인의 증언에 대한 증거 자료로 1920년까지 조선 총독부 재정 세입 결산표를 제출합니다. 증거 자료에 보다시피 조세 수입은 1910년 906만 1000엔에서 1920년 3489만 3000엔으로 증가하지만 보충금, 즉 일본 본토에서 보내는 보조금은 1911년 23.6%에서 1918년에는 3.0%로 급락하고 있습니다. 그나마 보충금은 그것의 94.3%가 일본인 관리의 조선 근무 수당으로 지급되었습니다. 따라서 지세 수입이 대부분이었던 조세 수입이 총독부

재정에서 가장 중요한 항목이었습니다. 결국 일본인 관리의 근무 수당을 주려고 조선에서 지세 수입을 확대했다는 결론입니다.

조선 총독부 재정 세입(결산)

단위: 1000엔

연도	조세 수입		보충금		공채금		세입 합계
1910	**9,061**	41.2%	2,885	13.1%	4,895	22.3%	21,978
1911	12,440	23.8%	12,350	**23.6%**	10,000	19.1%	52,284
1912	13,361	21.5%	12,350	19.9%	14,900	24.0%	62,126
1913	13,903	22.0%	10,000	15.8%	11,103	17.6%	63,093
1914	16,685	26.9%	9,000	14.5%	7,640	12.3%	62,047
1915	17,494	27.9%	8,000	12.8%	311	0.5%	62,722
1916	18,876	27.7%	7,000	10.3%	0	0	68,202
1917	22,679	30.3%	5,000	6.7%	12,830	17.1%	74,903
1918	29,184	29.2%	3,000	**3.0%**	13,098	13.1%	100,111
1919	38,518	30.6%	0	0	14,435	11.5%	125,803
1920	**34,839**	23.8%	10,000	6.8%	22,355	15.3%	146,343

• 水田直昌,『總督府時代の財政』, 友邦協会, 1974 ; 平井広一,『日本植民地財政史研究』, ミネルヴァ書房, 1997.

오진실 변호사의 거침없는 변론을 지켜보던 방청석에서 탄식이 터졌다.

"야, 잘한다. 역시 오진실 변호사야. 당시 총독부의 일본인들이 얼마나 교활한 거야? 다들 그렇게 힘들었다고 하는 일제 강점기를 마치 조선이 근대화되고 조선인이 잘살게 된 시대인 양 통계를 만들어 홍보한 게로구먼."

"글쎄 말이야. 우리가 모두 까막눈이었던 게지."

오진실 변호사　이래도 어기짱 증인은 조선인에 대한 지세 부담이 적었다고 말씀하실 수 있습니까? 증인, 자꾸 결과만을 말하니 혹여 그 과정은 정당했다고 여겨지는 것인지 모르겠지만 결코 그렇지 않았습니다. 토지 조사 사업은 조선의 현실을 감안하지 않은 채 졸속으로 전개되거나 일방적으로 전개되면서 다양한 문제가 야기된 것이라 봅니다.

나카무라 변호사　이의 있습니다. 원고 측 변호인은 미리 결론을 정해 놓고 피고에게 그것을 수용하라고 유도 신문을 하고 있습니다. 시정을 요구합니다.

판사　인정합니다. 원고 측 변호사는 좀 더 구체적인 사안으로 신문하여 주시길 바랍니다.

오진실 변호사　예, 알겠습니다. 그럼 예를 들어 신고제 문제부터 봅시다. 총독부가 소유권자가 기한 내 소유지를 해당 면에 신고하도록 하면서 어려운 신고 양식이나 절차를 강요하였지요. 시정에 어두웠던 당시 농민들이 대거 신고를 누락하게 되고 결과적으로 많은 땅이 무신고 상태에 놓이게 되면서 국유화되고 만 사실은 어떻게 생각하십니까?

어기짱　오래전 일이라 확실한 것인지는 모르겠지만 내 기억으로는 토지 조사 사업으로 소유권으로 사정된 토지는 전국적으로 1910만 7520필지였는데 그 가운데 소유자의 신고대로 소유권이 사정된 것이 1900만 9054필지에 달했습니다. 반대로 무신고로 국유지화된 것은 주로 분묘지나 잡종지였어요. 이는 전체의 0.05%에 불과합니다. 신고가 되지 않은 토지는 전체 토지에서 대단히 적었고, 토지에 대한 과세가 두려워 소유권을 포기한 토지가 대부분이었지요. 그러니 신고를 하지 못한 토지가 설령 있다고 하더라도 그것은 토지 약탈의 증거가 될 수 없다고 봅니다.

오진실 변호사   그럼 토지 신고서와 결수연명부는 철저히 대조하여 누락된 경우도 꼼꼼히 조사 대상에 포함했습니까?

어기짱   그렇습니다. 토지 신고서를 부당하게 작성하여 토지 소유권을 빼앗는 일은 원천적으로 없었습니다. 왜냐하면 토지 신고의 과정에서 토지 신고서와 결수연명부를 일일이 대조하여 작성했기 때문입니다. 요컨대 조선 농민들이 신고 방식을 몰라서 많은 땅을 몰수당했다고 하는 의견은 나로선 받아들이기 힘듭니다. 조선 농민들은 정해진 기한 내 소유지 신고를 했고, 대부분 소유권을 인정받았습니다.

오진실 변호사   어기짱 농림국장은 자꾸 조선인 농민이 자신의 땅을 신고하는 데 아무 문제가 없었다고 하는데, 양심한 증인! 이 말이 사실입니까?

양심한   토지 조사 사업은 처음부터 개별 지주로부터 토지에 관한 신고를 받는 것을 기본 원칙으로 삼았습니다. 총독부로서는 현지에서 지주총대로 하여금 토지 신고서의 배포와 수집을 하도록 했으며,

견취도
상황을 보여 주기 위해 만든 지
도입니다. 오늘날의 조감도를
뜻하지요.

토지 신고서의 정확성에 대해 주의를 기울였던 것도 사실입니다. 꼼꼼하게 기존의 탁지부(현 기획재정부)에서 작성한 결수연명부를 참고하면서 토지 신고서를 작성하도록 했습니다. 따라서 실제로 신고를 못 해서 땅을 잃은 농민은 극히 적었습니다.

오진실 변호사   그렇다면 왜 그동안 신고주의로 인해 많은 농민이 고통을 받았다는 이야기가 널리 알려졌던 것입니까?

양심한   아마도 그것은 다른 문제가 있었다고 봅니다. 예를 들어 결수연명부 작성하기, 과세 대상지 견취도 만들기와 열람하기, 지주 인원수 파악하기 등의 사업을 통하여 총독부는 해당 토지의 위치, 면적, 소유자 현황을 완벽하게 조사했습니다. 그것을 통해서 장차 식민지 수탈형 농업을 만들기 위한 기초 자료를 만들려는 의도는 부정할 수 없습니다. 너무 엄격한 조사였다는 심리적인 압박이 신고주의에 대한 불만으로 터져 나온 듯합니다.

오진실 변호사   잘 알겠습니다. 그러니까 증인의 말은 토지 조사 사업에서 신고주의가 농민을 직접적으로 수탈한 것은 아니지만 강제적으로 토지 조사를 완료하여 조선의 농업에 대한 총독부의 개입 여지를 확대했다는 이야기네요. 이상 양심한 증인의 신문을 마치겠습니다.

어기짱 농림국장은 속으로 쾌재를 불렀다.

"거봐. 알지도 못하면서, 바보들 같으니라고! 자꾸 신고주의만 얘기하니까 우리의 속내를 못 알아차린 거지. 사실은 그것보다 큰 문제가 있지! 흐흐흐."

어기짱 농림국장이 히죽히죽 웃음을 빼물고 있는 한편으로 재판을 지켜보는 방청객들 표정은 매우 혼란스러워 보였다.

판사 피고 측 변호인, 반대 신문 없습니까?

나카무라 변호사 없습니다.

판사 그럼 양심한 증인은 그만 들어가셔도 좋습니다. 오진실 변호인 정리를 해 주시겠습니까.

오진실 변호사 네, 알겠습니다. 판사님. 어기짱 증인은 토지 조사 사업이 자꾸 근대화의 중요한 이정표라고 합니다. 물론 그런 일면이 있을 수도 있습니다. 그런데 그것의 본질은 우리나라의 근대화와 깊이 관련된 것이기보다는 효율 면에서 일본 자본주의의 발전과 관련된 것 아닙니까? 어기짱 증인에게 묻겠습니다. 일본의 입장에서 조선에서 무엇이 제일 필요했습니까? 쌀 아니었나요?

어기짱 그렇습니다. 쌀입니다.

오진실 변호사 그렇다면 쌀을 효율적으로 동원하기 위한 방편으로 토지 조사 사업을 생각한 것이 맞지 않습니까? 목적이 분명한 사업이었다는 것을 인정하신 셈이네요.

어기짱 사업의 기본 정신은 역시 근대적인 소유관계를 확립하는 것이라는 사실은 명확한 것입니다.

오진실 변호사 물론 정상적인 자본주의 민족국가였다면 자국의 토지 조사 사업은 분명 근대적 소유권 의식과 제도를 만드는 데 크게 기여했을 것입니다. 그런데 조선의 경우 그것은 부차적이었습니다. 이는 쌀 수입 목적에 필요한 조선 내의 법적 준비를 완비한 것이지 근대적인 산업화를 겨냥하여 시행한 것이 아니라고 봅니다. 단적으로 예들 들어 볼까요? 총독부가 근대화를 말하면서도 새로운 농업 자본가의 창출보다는 오히려 전근대적인 형태의 지주들을 양산하였으니까요. 이것만 보아도 총독부의 정책이 조선의 미래에 대한 청사진을 만들지 않고 그날그날 일본 본토의 요구에 맞추어서 수행된 것임을 알 수 있습니다.

왜 일본은 조선을 수탈했을까?

토지 조사 사업, 지주를 위한 것인가? 농민을 위한 것인가?

③

판사　지금까지 토지 조사 사업이 일본의 수탈을 위한 정책인지, 아니면 조선의 근대화를 위해서인지에 대한 얘기를 들었습니다. 이 제부터는 지주의 확대와 토지 조사 사업이 어떤 관련이 있는지에 대해 말씀을 들어 보도록 하겠습니다. 원고 측 변호인이 계속하시겠습니까?

오진실 변호사　예, 알겠습니다. 만약 토지 조사 사업이 근대적 소유관계의 수립을 마지막 목표로 삼았다지만 그 결과는 실제로 그렇지 못했습니다. 총독부는 어느 때는 일본 본토의 내각과 긴장관계를 유지하고 있기도 했지만 대부분 일본 본토에서 자신들의 정치적인 입지를 높이기 위해서 조선이 곳간 역할을 하도록 방치했습니다. 다시 말해 일본 본토의 요구에 충실한 조선 경제로 재편하는 것이 총

협잡
옳지 아니한 방법으로 남을 속
인다는 말입니다.

『태백산맥』
조정래의 대하소설로, 민족의
수난사를 심도깊게 다루고 있는
역사소설이지요.

독부 당국자들이 다시 본토에 돌아가서도 출세할 수 있었
던 비결이었지요. ▶그런 만큼 쌀 부족에 시달리는 일본 본
토의 요구에 조선의 쌀을 온갖 협잡과 선전을 통해 끌어
모아 일본으로 수출했던 것입니다. 그 과정에서 쌀을 모아
주는 데 기여할 존재로서 지주들을 생각했고, 토지 조사
사업은 바로 쌀을 제대로 모아 주는 지주들의 권리를 우선
적으로 보장해 주기 위한 조치를 포함하게 된 것입니다.

방청석 여기저기서 오진실 변호사의 논리에 감탄하는 소리가 터
져 나왔다.

"맞아, 맞아. 저런 목적을 위해서 토지 조사 사업을 해놓고는 뭐라
고? 그놈들 참⋯⋯."

이때 나카무라 변호사가 갑자기 일어서더니 판사를 쏘아보면서
말했다.

나카무라 변호사   원고 측 변호인의 이야기는 근거 없는 이야기입
니다. 지주 계층은 오히려 민족주의적 성향이 강한 계층으
로 조선의 독립운동에 필요한 자금이나 물적인 도움을 주
었고, 그들의 자제들은 실제 독립운동에 나서는 등 많은
활약을 했습니다.

오진실 변호사   음⋯⋯, 일부 지주들은 그랬지요. 물론 많
은 독립운동가가 지주 집안에서 나왔습니다. 『태백산맥』

교과서에는

▶ 일본은 공업 발달과 도시
인구 증가로 심각한 식량
문제에 부딪힙니다. 자신들
의 부족한 쌀을 한반도에서
가져갔지요.

에 나오는 김범우의 아버지와 같은 지주도 있었으니까요. 그런데 여기서 문제가 되는 것은 그런 지주들이 아니라 바로 농민을 수탈하던 지주입니다. 대체로 지주층은 근대화 과정에서 자본가의 성장을 심각하게 저해하고 여러 근로자와 경영자들이 만들어 낸 부가가치를 소비하는 계층입니다. 그런 지주층을 양성한다는 것과 근대화와는 격이 맞지 않습니다.

나카무라 변호사 판사님, 원고 측 변호인의 신문은 억측에 불과합니다. 유도 신문을 중지시켜 주십시오.

판사 기각합니다. 지주제와 토지 조사 사업과의 연관성을 이해하는 것은 본 재판에서 중요한 사안으로 판단됩니다. 계속하시지요.

오진실 변호사　　제대로 된 근대적 소유관계를 만들겠다는 명분으로 실제로는 지주의 이익을 감싸고 돌면서 그들을 통해 조선의 쌀을 효과적으로 일본으로 반출하려는 음모로 토지 조사 사업을 수행한 것이라 할 수 있습니다.

재판을 듣고 있던 피고 측 증인인 어기짱이 끼어들었다.

어기짱　　참으로 딱하네요. 토지 조사 사업으로 전근대적인 지주제가 확대되고 지주 수가 늘었다고 하셨습니까? 전근대적인 지주제라고 하시니 어쩔 수 없네요. 그렇습니다. 형태는 지주제입니다. 분명 그렇습니다. 그렇지만 일본과 총독부는 무조건적인 수탈을 위해서 전근대적인 형태의 지주제를 육성한 것은 아닙니다.

오진실 변호사　　당시의 지주제를 근대적이었다고 말하려는 겁니까?

어기짱　　아시다시피 수탈이라는 정책으로는 식민지 통치를 안정시킬 수 없다는 것은 자명한 사실입니다. 그러니 지주제는 아직 제대로 근대화 능력이 없는 조선에서 근대적 소유관계를 형성하는 과정에서 나타난 과도기적 현상이었습니다. 총독부도 지속적으로 지주제를 약화시키려고 했습니다. 조선 농지령, 조선 소작령 나아가 부재지주 정리 요강 등이 그런 총독부의 노력을 반영한 정책입니다.

오진실 변호사　　조선 농지령, 조선 소작령 문제는 아직 논의의 여지가 많습니다. 총독부가 지주제를 부정하는 정책을 추진했는지 안 했는지 여부는 여러 가지 증거가 필요합니다. 겉으로 수탈적인 지주제를 육성한다고 대놓고 표방하는 정권이 세계 어느 나라에 있습니까? 문제는 결과입니다. 일제 강점기 조선에서 지주제는 오히려 확대 일로였고, 해방 후에도 그러했습니다. 너무나 뻔한 결론을 어기짱 증인만 모르는 것 같군요.

나카무라 변호사 이의 있습니다. 원고 측 변호인은 지금 일부러 토지 조사 사업의 근대성을 폄훼하고자 유도 신문을 하고 있습니다. 일제 강점 시대 지주제는 종래와 같은 전통 지주제가 아니었는데도 마치 당시 지주제를 조선 시대 지주제와 같은 것인 양 취급하여 배심원들에게 혼돈을 일으키게 하고 증인의 진솔한 진술을 일부러 방해하고 있습니다.

판사 토지 조사 사업이 농민에 어떻게 피해를 주었나를 이해하는 데 필요한 질문이었기 때문에 피고 측 변호인의 이의를 기각합니다.

오진실 변호사 토지 조사 사업은 기본적으로 전근대적인 지주제를 수용함으로써 조선 농업의 전근대성을 식민 통치의 수단으로 이용했다는 사실을 확인할 필요가 있습니다. 구체적으로 토지 조사 사업에서 토지 가격을 정하면서 경작비 항목을 총수확의 50%로 잡은 것은 지주를 배려한 것이라 할 수 있습니다. 그리고 일본식 개량 농법을 행하여 우량 품종을 재배한 토지의 가격을 저평가했는데, 이것은 일본인 지주층에 대한 우대 정책인 동시에 일본 시장에 적합한 미곡의 생산을 유도한 정책이었다고 할 수 있지요. 이는 지주층을 식민지 농업 지배 정책의 하수인으로 삼아서 그들과 일반 농민을 이간시키려는 이른바 민족 분할 통치를 획책한 결과라 할 수 있습니다.

어기짱 　농민과 지주를 분열시켜서 무슨 유용함이 있습니까? 우리 총독부는 결코 일방적으로 지주 편만 들고 농민은 견제하는 이런 분열책을 쓰지 않았습니다. 그랬다가는 식민지를 안정적으로 통치할 수 없었을 것입니다. 정말 정치의 근본을 모르시는군요. 원고 측 변호사님은 왜 자꾸 토지 조사 사업의 부정적인 측면만 보려고 하십니까? 다시 말씀드리면 근대화로 가는 이정표로서의 지주제였다는 점과, 우리가 그것을 추진했고 성공했다는 점을 분명히 하고 싶습니다.

오진실 변호사 　물론 지주들도 종래의 전통 시대의 지주와 다르게 근대적인 상업 이윤에 크게 관심을 둔 것은 사실입니다. 하지만 그렇게 된 것은 일본이 토지 조사 사업을 벌여 그런 것이 아니라 이미 조선 후기 이래로 병작반수에 기초한 지주제가 발전하고 있었다는 점에 주목할 필요가 있습니다. 다시 말하자면, 우리 자체가 스스로 노력을 해 왔기에 일본이 전래한 등기 제도에 따라 토지를 담보로 하는 대부를 확대하며, 균등하게 토지세를 부과하는 근대적 제도가 형성될 수 있었던 것이지요. 즉, 토지 조사 사업의 근대성에는 조선 시대부터 이미 발전한 사적 소유제의 발전도 한몫을 했다는 것입니다. 물론 일본이 수행한 사업으로 그것이 완성되었긴 하지만요.

어기짱 　미개한 조선 시대에 사적 토지 소유 의식이 발전했다고요? 이는 탱자 밭에서 오렌지를 수확하려는 어리석은 생각에서 나온 것입니다. 조선 왕조 시대에 사적 토지 소유에 대한 의식이 있었다니, 그것이 말이 됩니까? 모든 땅이 왕의 땅이었는데……. 거참, 뭘 제대로 알아야지…….

오진실 변호사 이의 있습니다. 증인은 확실한 증거 없이 조선 후기의 발전상과 조선인들의 자립 자주 의식을 폄훼하고 있습니다.

판사 그 정도는 피고 측 입장이라 생각해 두죠. 계속하세요.

오진실 변호사 판사님, 이 부분은 그렇게 간단히 넘어갈 수 없습니다. 왜냐하면 역사적 사실을 잘못 이해할 수도 있기 때문입니다. 학계의 연구에 의하면, 조선 후기에 들면서 조선에서도 토지의 매매 양도 상속이 자유로웠고, 양안이라는 토지 대장에서 입증 가능한 소유권은 정상적인 상태에서도 누구에게서도 침해받지 않았으며, 토지의 사유 개념이 무척 발전했다는 사실을 확인할 수 있습니다.

판사 그렇습니까? 오 변호인 좀 더 자세히 설명해 주세요.

오진실 변호사 토지 조사 사업 때 처음으로 조선인이 토지 사유 개념을 가지게 되었다는 것은 사실이 아닙니다. 토지 사유 개념은 시대적 상황에 따라서 다양한 형태로 나타나기 때문에 어느 때부터라고 단정할 수 없습니다.

판사 그것이 무슨 말씀입니까?

오진실 변호사 어떤 나라에서든 제도나 관습이 하루아침에 뚝딱 만들어지는 것이 아니라는 것입니다. 오랫동안 축적된 전통과 새로운 관심이 결합하여 만들어지는 것이니까요. 이는 총독부가 자신들이 토지 조사 사업을 수행했다고 해도 조선에서 완전한 사유 개념을 형성할 수 없었다는 이야기입니다. 아무리 총독부가 '근대화' '근대화' 해도 특정한 몇몇 지주를 제외하고 대부분의 지주는 그다지 근대화된 새로운 농업을 선도하는 모습을 보여 주지 못했습니다. 나아가 근대적인 노동법에 기초한 농업 노동자들이 증가했나요? 근대적 지주나 농업 자본가도 생기지 않고, 근대적 농업 노동자도 없었는데 어떻게 일본에 의해 완전한 근대적 관계가 형성되었다고 말할 수 있습니까?

판사　아, 그러니까 원고 측 변호인의 말은 토지 조사 사업 이후 나타난 근대적 토지 소유 의식은 단순히 총독부의 사업 수행에서 비롯된 것이 아니라 조선 시대 이래 쭉 발전해 온 소유 의식을 제도적으로 반영한 것이기도 하다는 말씀이지요?

오진실 변호사　그렇습니다.

어기짱　오진실 변호사는 경제학 지식이 부족하군요. 그럼 우리 일본이 지배하던 시기의 조선인 지주가 조선 시대의 지주와 같다는 것입니까? 이미 달라지고 있었습니다. 외형은 지주였지만 그들은 더 이상 봉건적인 지배에 의해서 소작 수입만을 관심에 두고 있지 않았지요. 적극적으로 쌀 수출 전선에 나서서 거기서 획득한 부를 가지고 비농업 방면에 투자하여 많은 기업을 양성했습니다. 그저 외형만 보고 판단하지 마세요.

오진실 변호사　하나는 알고 둘을 모르시는군요. 어기짱 증인은 조선인 지주가 더 이상 봉건적인 지주가 아니고 그 이유를 쌀 수출 등에 적극 나섰다는 점을 주장하는데, 과연 그럴까요?

어기짱　쌀 수출은 전근대적이고 불법적인 토지 약탈은 아니었지 않습니까? 마치 강도짓을 해서 땅을 일본인들이 사간 것처럼 말씀하시네요.

오진실 변호사　농민들은 조선 시대와 마찬가지로 고율의 소작료에 신음했고, 병작반수라는 관행에서 거의 벗어나지 못했어요. ▶오히려 소작료가 고율화되면서 그나마 가지고 있던 땅뙈기도 일본인 지주나 농업 회사에 빼앗기고 말았지요.

어기짱　그렇다고 그게 불법적인 토지 약탈은 아니었지 않습니까?

오진실 변호사　내 이야기는 지주제는 조선 후기 상업 발달의 연장선에서 그렇다는 것이지요. 그리고 일본의 토지 조사 사업은 자연스럽게 성장하는 사적 소유제를 강권적인 것으로 전환함으로써 많은 문제를 일으켰다고 말씀드리는 것입니다. 갑작스런 사적 소유제의 강권은 자연스럽게 농촌 사회의 계급적 변화를 점진적이고 자연스럽게 이뤄 내지 못하고 급격한 농민의 몰락이나 토지 집적의 진전 등으로 농민들의 삶에 고통을 동반하고 있었다는 점입니다.

어기짱　참으로 딱하십니다. 변호사님은 사업의 목적 자체가 마치 농민의 수탈이라고 말하려는 듯합니다. 아무렴 토지 조사 사업이라는 국가적 사업이 그저 식민지 피지배 민족인 조선인 농민들을 두드려 잡고 수탈하기 위한 수단으로 가능하다고 봅니까? 근대 사회에서도 부익부 빈익빈은 존재하는 것이며, 제도가 근대화되었다고 해도 금방 농업에서

교과서에는

▶ 농민들은 소작료나 여러 가지 무거운 세금 부담으로 고통을 받아 산속으로 들어가 화전민이 되기도 했습니다.

근대적 관계가 지배적으로 형성되는 게 아닙니다. 이 사업의 결과는 소유권의 명확화에 따라 토지의 양도 매매가 자유로워지고 국가적인 공인이 가능해지면서 자유로운 계약 관계가 보호를 받을 수 있게 되는 것입니다. 자꾸 수탈, 수탈 하시는데 어떤 제도이든 악한 마음을 가진 사람에 의해서 결과들이 많이 왜곡되기도 하지요. 총독부 양심을 걸고 이야기하건대 결코 우리는 농민의 땅을 빼앗기 위해 토지 조사 사업을 한 것이 아닙니다.

오진실 변호사   저도 참으로 딱해 보입니다. 농민의 땅을 빼앗지 않으려는 의도를 믿는다고 해도 결과적으로 조선에서 수많은 자작농들이 본 사업 이후 소작농으로 전락한 통계는 총독부에서조차도 알고 있는 사실 아닙니까? 토지 조사 사업이 완료된 1918년에 전 농가의 3.1%에 해당하는 8만여 호의 지주층이 전경지의 50% 이상을 소유하며 농가의 80%에 가까운 소작농과 자소작농을 지배한 것은 근대적 농업 질서보다는 전근대적 소유 분해에 기초한 지주제가 오히려 강화되었다는 사실을 말하는 것이기도 하지요. 토지 조사 사업으로 13만 정도의 국유지가 새로 창출되었고, 지세 수입이 같은 기간에 두 배가 늘어난 것은 어떻게 설명하시렵니까?

어기짱   나는 재정국장이 아니라서 그것은 모릅니다. 그 정도 국유지가 늘었다니 금시초문입니다. 그 통계 잘못된 것 아닙니까? 우리 농림국에서는 1910년대 합방 이후부터 줄곧 곡물, 면화, 양잠이란 3대 농산물의 증산 정책을 추진했고, 더불어 미곡 증산 정책도 추진했습니다. 특히 논농사를 위해서는 우량 품종을 보급하고, 관개

설비를 개선했고, 시비량을 증가시키고, 건조 조제 방식을 개량했습니다.

오진실 변호사　글쎄요. 토지 조사 사업에서 우량 품종을 재배한 토지를 과세 면에서 우대했지만 충분한 재정적 지원은 하지 않았고요. 이른바 우량 품종이라는 것도 지력 소모가 커서 다음 농사에 악영향을 주었으며, 재래 품종의 내구성을 따르지 못했습니다. 지력 소모가 크다 보니 비료를 많이 주어야 하는데 이는 농민 생활을 어렵게 하는 중요한 이유가 되었지요. 게다가 우량 품종이라는 것은 대부분 물을 많이 필요로 합니다. 관개 시설이 반드시 요구되었지요. 그런데 당시에는 수리 조합 사업은 재정 문제로 제대로 실행되지 않아서 재래의 제언(댐)이나 보의 **수축**(修築) 정도만 그치는 경우가 허다했지요. 관개 시설이 부족하기에 시비 효과도 크지 않았습니다. 천수답에서 시비는 한수해(旱水害)로 인해 효력을 잃기 쉬웠어요. 점토질이 강한 천수답에 유기질 비료를 사용하면 영양이 자주 유실될 우려가 있었지요. 그러니 적어도 1910년대에는 우량 품종 보급 사업이 제대로 실효를 거두었다고 보기 힘듭니다.

어기짱　1910년대에는 총독부 입장에서도 만족스런 농업 행정을 기할 수 없는 특수한 사정이 있었다고 인정합니다. 그러나 강제로 조선인 농민의 땅을 불법적으로 혹은 강권적으로 수용하거나 강탈한 적은 없음을 분명히 말씀드립니다.

오진실 변호사　그럴까요? 일본인들이 얼마나 조선의 농지를 수탈

지력 소모
농작물을 길러 낼 수 있는 땅의 힘을 없애는 것을 말합니다.

수축
집이나 다리, 방죽 따위의 헐어진 곳을 고쳐 짓거나 보수하는 것입니다.

시비
거름 주는 일을 말하지요.

했는지는 동양 척식 주식회사의 실적을 보면 명확합니다.

나카무라 변호사 판사님, 원고 측에서 동양 척식 주식회사의 실적을 보면 농지 수탈 사실을 명확하게 알 수 있다고 했는데 마침 피고 측 증인 가운데 동양 척식 주식회사 다내꺼 총재가 나와 있습니다. 증인을 불러 직접 그 활동 상황을 들었으면 합니다.

판사 좋습니다만, 그럼 어기짱 증인의 증언은 여기에서 마무리해도 좋겠습니까?

오진실, 나카무라 변호사 예!!

판사 어기짱 증인은 그만 들어가셔도 좋습니다. 그리고 다내꺼 증인은 앞으로 나와서 선서를 해 주시기 바랍니다.

다내꺼 증인으로서 진실만을 말할 것을 선서합니다.

나카무라 변호사 나와 주셔서 감사합니다. 다내꺼 증인은 그간 동양 척식 주식회사가 얼마나 활동을 활발히 했는지 소개 좀 해 주시지요.

다내꺼 동양 척식 주식회사는 처음 대한 제국 정부로부터 토지 1만 7714정보를 자본으로 출자 받아 사업을 시작했는데, 이후 적극적으로 활동하여 1913년까지 4만 1148정보를 매입했습니다. 그리고 토지 조사 사업으로 국유지 불하에 의해 1917년 말 7만 5178정보의 토지를 소유하여 조선에서 데라우치 총독부 다음으로 최대 지주가 되었습니다.

오진실 변호사 아니, 어기짱 농림국장은 토지 조사 사업으로 조선인들이 농지를 그다지 잃지 않았다고 하는데 어째서 그렇게 많은 땅을 매입할 수 있었나요? 앞뒤가 맞지 않는 것 같은데요.

다내꺼　아…… 그거요? 당연히 총독부가 음으로 양으로 신경 써 주었지요. 처음에는 황무지 등이 많았지만 실제로는 왕실이나 국가 소유의 궁장토나 역둔토 등을 대대적으로 수용한 결과였지요. 왕실 재산도 많더라고요. 이렇듯 우리는 농민들의 땅은 빼앗지 않았어요.

오진실 변호사　동양 척식 회사에서 농민들에게 땅을 빼앗지 않았다면 나석주 의사가 왜 그곳에다 폭탄을 투척하고, 불이농장 소작인들이 쟁의를 일으켰겠습니까? 이상하네요. 증인, 적어도 동양 척식 회사는 토지 수탈을 전제로 한 이주 사업, 농업 경영, 토지 경영, 토지 개량, 임업 경영 등의 사업에 주력했던 사실은 역사적으로 명백합니다.

다내꺼　그래도 농민들 땅은 빼앗지 않았어요.

오진실 변호사　그럼 그 모든 것이 황실 토지였을 뿐이다? 그렇다면 황실 재산이 정리되었다면 처음 1917년 7만여 정보였던 것이 이후 계속 늘어나서 1942년 말에는 20만 722정보를 소유한 상황은 어떻게 설명하겠습니까?

다내꺼　그래도 농민 땅을 빼앗지는 않았어요. 더는 말하지 않겠습니다. 왜 자꾸 농민 땅만 이야기하세요. 중국에도 땅이 있고, 대만에도 땅이 있는데, 우리가 뭐 조선에서만 활동한 줄 아세요? 고작 얼마나 된다고!

오진실 변호사　아울러 동양 척식 회사는 소작인들에게 5할이나 되는 고액의 소작료를 요구하거나 춘궁기에 양곡을 빌려 주었다가 2할

궁장토
조선 시대에 내수사와 각 궁방에 속한 토지이지요.

역둔토
역참에 속한 논밭을 이르는 역토(驛土)와 둔전과 둔답을 가리키는 둔토(屯土)를 아울러 이르는 말이지요.

나석주 의사
한말의 독립운동가. 의열단(義烈團)에 입단하여 식산은행에 폭탄을 투척하여 일본인들을 죽였지요. 동양 척식 주식회사에도 투척하였으나 불발하여 조선 철도 회사에 가서 일본인들을 저격하였답니다.

이상의 이자를 받는 등 경제 수탈에 앞장서 농민들의 원성을 샀습니다. ▶나아가 소작민들에 대한 수탈은 조선인들의 대규모 해외 이주를 불러 왔습니다. 1933년까지 일본으로 113만 5852명, 만주와 연해주로 150만여 명이 이주한 것으로 집계되어 있습니다. 이래도 조선인에 대한 토지 약탈이 없었다고 말할 수 있겠습니까?

판사　자자, 계속 지리하게 얘기가 맴돌고 있는 것 같습니다. 더 질문이 없으면 오늘은 이만 정리했으면 합니다.

오진실, 나카무라 변호사　없습니다.

판사　그럼 증인은 수고 많았습니다. 그만 들어가셔도 좋습니다.

　　판사는 다내꺼 총재가 거들먹거리며 내려가는 뒷모습에 잠시 눈길을 주더니 고개를 저으며 헛기침을 두어 번 하고 말했다.

판사　오늘 재판은 토지 조사 사업으로 농민이 실제로 어떤 피해를 보았는가에 대한 문제를 중심으로 논의를 했습니다. 아직 최종 판결까지는 갈 길이 멉니다. 오늘 다 다루지 못했던 문제는 다음 주 열릴 재판에서 다시 심의하도록 하겠습니다. 그럼 오늘 재판은 이것으로 마치겠습니다.

땅! 땅! 땅!

교과서에는

▶ 살기가 어려워진 많은 농민들은 화전민이 되거나 만주, 연해주 등지로 이주하였습니다.

왜 일본은 조선을 수탈했을까?

동양 척식 주식회사란?

동양 척식 주식회사는 원래 '동양 척식 회사법'에 의거하여 일본 농민의 조선으로의 이주를 도울 목적으로 1908년에 설립한 회사였습니다. 일본 정부와 재계의 주도하에 자본금 1000만 원의 주식회사로서 대한 제국 정부도 설립 자본금 30%에 해당하는 국유지를 출자했지만 일본 정부가 설립과 운영을 주도했습니다. 그리고 사업 내용도 주로 일본의 국책 회사로서 식민지 척식 사업에 필요한 금융업을 주로 담당했습니다.

서울에 본점을 두고 1909년 1월부터 조선에서만 활동했으나 1917년부터는 본점을 도쿄(東京)로 이전했습니다. 소유는 일본인에 국한하고 만몽(滿蒙, 만주와 몽골) 지역까지 활동했으며, 1938년부터는 타이완(臺灣)·사할린·남양군도(南洋群島) 등으로 영업 지역을 확장했습니다. 그 결과 1938년 말에는 9개의 지점과 831명의 직원을 두었으며, 일제 시대 말기까지 자본금을 1억 원으로 증자하고 10개의 지점을 두었습니다. 그 후 1946년 4월 미군정에 의해 신한공사(新韓公社)로 재편되면서 소멸되었습니다.

다알지 기자

시청자 여러분, 안녕하세요? 역사공화국 법정 뉴스의 다알지 기자입니다. 저는 조선 총독부와 조선 농민 연합회 간의 역사적인 재판이 시작되어 첫째 날의 재판을 마친 한국사법정에 나와 있습니다. 오늘 있었던 재판에서는 조선 농민 연합회 측은 토지 조사 사업으로 상당한 조선 농민들이 자신들의 땅을 빼앗겼고 착취당했다는 사실을 부각한 반면, 조선 총독부 측은 토지 조사 사업에서 그런 일은 없었으며, 일부를 제외하고는 전혀 조선 농민의 피해가 없었다는 점을 분명히 했습니다. 그럼, 이 자리에 본 재판의 주인공 조선 총독부와 조선 농민 대표자들을 모시고 재판 첫째 날의 소감을 들어 보도록 하겠습니다.

조선 농민 연합회 대표 김매기

　이번 재판을 통해서 토지 조사 사업이란 것을
실시하여 수많은 조선 농민이 힘들여 가꿔 온 많
은 농토가 고스란히 일본인들의 수중으로 떨어졌다는
사실과 그럴싸한 말로 포장하고 조선 유린에 앞장섰던 조선 총독부의
진실이 명백히 밝혀지리라 여겨집니다. 저들은 그들이 만든 통계 책자
를 가지고 자기들의 정책이 잘 되었느니 못 되었느니 하지만 실제로
우리 농민이 느꼈던 토지 조사 사업은 우리 조선 농민이 감내하기 힘
든 억압이자 고통이었습니다. 우리 농민들은 참으로 힘든 세월을 살아
왔는데 그런 사업을 해 놓고 되려 우리나라를 근대화시켰다고 지껄이
고 있으니 속이 타도 이렇게 탈 수가 없습니다. 대체 누구를 위한 정책
이었고, 누구를 위한 근대화였다는 겁니까? 자기네 일본을 위한 정책
이라는 걸 우리 농민들도 다 아는 사실을 놓고 말이지요. 아무튼 이번
재판을 통해 역사의 진실이 속 시원히 다 밝혀지길 바랍니다.

조선 총독부 농림국장 어기짱

참으로 억울합니다. 우리 조선 총독부는 조선 농민들이 옛날 전통에 너무 묶여 있어서 그들이 진정 신분이나 인습의 억압에서 벗어나서 자유롭게 토지를 팔고 사고 할 수 있고, 거기서 나온 생산물을 자신의 소유로 하여 쉽게 팔아서 생활을 풍요롭게 영위할 수 있는 제도를 만들려고 했습니다. 시행 과정에서 연합회 측이 말하는 것과 같은 수탈은 거의 없었다고 봅니다. 어차피 새로운 제도를 만들려고 하면 약간의 시행착오는 있는 것 아닙니까? 그러한 약간의 시행착오를 마치 토지 조사 사업의 모든 것인 양 폄하하는 것은 이해할 수 없어요. 우리 대일본 제국은 조선의 문명화와 근대화를 위해 얼마나 많은 노력을 한 줄 아십니까? 정말 우리 일본 제국의 진실을 알아주셨으면 합니다.

그 많던 쌀은 어디로 갔나?

1. 산미 증식 계획, 쌀 생산이 실제로 늘었나?
2. 쌀 증산, 혜택을 본 사람은 조선인 지주였다고?
3. 쌀 수출은 농민에게 희망을 주었나?

산미 증식 계획,
쌀 생산이 실제로 늘었나?

　　재판이 시작되기 전 법정 안 방청객들은 끼리끼리 모여 수군거
렸다.

　　"조선 농민 측이 이길 수 있을까?"

　　"글쎄 말이야⋯⋯."

　　판사가 들어와 의자에 앉자 배심원들과 방청객들도 서둘러 제자
리에 앉았다. 판사는 첫 번째 재판의 내용을 정리하며 말문을 열었다.

판사　　지난 재판에서는 토지 조사 사업을 중심으로 조선 총독부
의 수탈이 어떻게 이루어졌는지, 사업 이후 조선이 얼마나 급속도
로 근대화되었는지 등에 관해서 피고와 원고 양측이 치열하게 논의
했습니다. 오늘은 조선 총독부의 계획들이 어떤 성과를 이루었는지,

증산된 쌀은 어떻게 되었는지 알아보겠습니다. 그럼 원고 측 오진실 변호인, 변론을 시작해 주시겠습니까.

오진실 변호사　네, 판사님. 지난번 재판에서 토지 조사 사업을 중심으로 조선 총독부가 자행한 조선 농민에 대한 수탈의 실상이 어느 정도 밝혀졌다고 봅니다. 그런데도 피고 측은 여전히 조선 총독부의 농업 정책이 결코 조선 농민의 희생을 의도하지 않았고, 실제로 알려진 것보다 토지 조사 사업에서 농민들의 소유권이 배제된 경우는 적었다고 주장하고 있습니다. 과연 그럴까요?

판사　구체적인 사실이 더 있습니까?

오진실 변호사　네. 총독부는 토지 조사 사업으로 농민들의 토지 소유가 알려진 것보다 많다고 합니다. 그러나 이미 1918년 사업이 완료될 시점에 전체 농가 호수의 3% 정도인 소수의 지주가 전체 경지의 50%를 차지하고 있었고, 소작 농가는 77%나 되었습니다. 사정이 이러한데도 총독부는 농민들의 소유권이 안정적으로 확보된 것처럼 이야기합니다. 여기 자료로 제시하는 그래프를 보면 쉽게 이해하실 수 있을 것입니다.

나카무라 변호사　판사님, 이의 있습니다. 이것은 다른 외부적인 상황에 의한 것이지 토지 조사 사업 그 자체가 직접적인 원인이 아닙니다.

오진실 변호사　나카무라 변호인, 거 말씀 한번 잘하셨습니다. 판사님, 총독부가 진정으로 조선 농민을 위한 식민지 농업 정책을 펼쳤다고 이야기한다면 그것이 지속적으로 효과를 나타낼 수 있도록 다

양한 측면에서 정책을 보완해야 했습니다. 하지만 총독부는 오히려
대지주들에게 유리한 환경을 제공했습니다. 토지의 소유 정도를 고
려하지 않고 일괄적으로 동일한 세율을 책정한 것을 보세요. 지난
재판에서 이미 이야기했듯이, 정책이 지주들을 겨냥한 것이었으니
결국 농민들의 생활은 나아지는 것이 없었고 부익부 빈익빈이라는
양극화 현상이 갈수록 뚜렷해질 수밖에 없는 것 아닙니까?

판사 잘, 알겠습니다. 이 문제는 이미 지난번 재판에서 일단락된
것이니 더는 거론하지 않도록 하겠습니다. 원고 측 변호인, 이번 주

왜 일본은 조선을 수탈했을까?

에는 농업 정책의 하나인 산미 증식 계획에 대한 얘기를 하기로 하지 않았나요?

오진실 변호사　네, 그렇습니다. 오늘은 총독부가 시행한 또 다른 농업 정책인 산미 증식 계획에 대해 이야기하고자 합니다. 쌀 생산을 늘려 조선 농민들의 생활을 안정화하겠다는 취지에서 시행한 계획이지만 결과적으로는 조선 농민들을 더욱 못살게 했던 정책이기도 합니다. 이 자리에서 산미 증식 계획도 토지 조사 사업과 마찬가지로 모순이 있고, 그로 인해 조선 농민들이 어떤 힘든 삶을 살았는지에 대해 밝히고자 합니다.

판사　그럼, 산미 증식 계획에 대해 구체적으로 이야기해 주십시오.

나카무라 변호사　판사님, 그에 관해서는 제가 이야기를 하겠습니다.

판사　좋습니다. 피고 측 변호인이 말씀하시기 바랍니다.

나카무라 변호사　산미 증식 계획은 말 그대로 쌀 생산을 늘려 조선 농민들의 생활을 개선시키기 위해 실시한 것입니다. 결코 조선 농민을 수탈해서 생활을 어렵게 만들려고 한 것이 아닙니다. 자세한 이야기는 당시 정책 시행을 책임졌던 어기짱 농림국장을 통해 듣고자 하며, 그를 증인으로 신청합니다.

판사　받아들입니다. 어기짱 농림국장은 다시 앞으로 나오세요.

어기짱 농림국장은 진실만을 이야기할 것을 맹세하고 증인석에 앉았다.

토지 개량 사업
토지 즉 농지의 개량 · 개발 · 보전 및 집단화와 농업의 기계화로 농업 생산성을 높이려는 사업을 말합니다.

농사 개량 사업
곡류, 과채류 따위의 씨나 모종을 심어 기르고 거두는 따위의 일의 생산성을 높이려는 사업입니다.

식산국
조선 총독부가 설치한 행정 조직으로 농상공부에 속하는 부서입니다.

지목
주된 용도에 따라 땅을 구분하는 명목입니다.

나카무라 변호사　　어기짱 농림국장은 산미 증식 계획에 대해 이야기해 주시기 바랍니다.

어기짱　　네, 산미 증식 계획은 총 두 차례에 걸쳐 시행되었습니다. 먼저 1기의 경우 1920년부터 5년간이었습니다. 1기 사업은 토지 개량 사업과 농사 개량 사업에 중점을 두었지요. 그리고 사업을 원활하게 수행하기 위해 그해 11월에는 조선 총독부 식산국에 토지개량과를 새로 만들어 관개 시설 개선 · 토지 개량 · 국유 미개간지 개척 등 모든 업무를 맡겼습니다. 동시에 '토지 개량 사업 보조규칙'과 '조선 공유 수면 매립령'을 공포하여 법적으로도 뒷받침했습니다. 총공사비 1억 6800만 원을 들여 22만 5000정보의 관개 시설을 개선하고, 11만 2500정보의 지목(地目)을 변경하고, 9만 정보를 개간하려는 것이었습니다. 그러나 실제로 공사 예정 면적의 59%만 공사가 시작되었고, 지어야 할 건물의 62%가 완공되었습니다. 계획은 완전한 목표를 달성하지 못했습니다. 사실 정책을 실시하다 보면 예상 성과보다도 낮을 수 있는 것 아닙니까?

어기짱 농림국장의 말을 듣던 방청객 중 한 명이 분하다는 듯 자리에서 벌떡 일어나 따져 물었다.

"우리의 세금으로 실시하면서 그렇게 쉽게 말해도 되는 거요?"

판사　　자자, 자리에 앉으세요. 증인, 계속하세요.

어기짱　네. 어쨌든 우리는 1차의 실패를 거울삼아 2기는 성공시키리라 굳게 다짐했습니다. 그래서 2기에는 더욱 치밀하게 계획을 세웠지요. 1926년부터 총공사비 3억 325만 원을 들여 사업을 시행하기로 했으며, 이를 위해 기존의 법도 개정해 1927년 '조선 토지 개량령'을 제정·공포했습니다. 그리고 조선 토지 개량 회사와 동양 척식 주식회사 토지개량부를 만들어 토지 개량 사업을 꼼꼼하게 감독하게 했고, 총독부는 이를 보조하도록 했습니다. 또 '조선 수리 조합령'을 일부 고쳐서 수리 조합 사업이 잘 진행될 수 있도록 했습니다. 그것뿐인 줄 아십니까? 권농 공제 조합을 창설하고, 농사 시험장을 전국 각지에 설치했습니다. 이것이 산미 증식 계획의 내용입니다. 이 모두가 조선 농민을 위한 총독부와 우리 조선 총독부 농림국의 노력임을 알아주십시오. 이상입니다.

재판을 듣고 있던 또 다른 방청객 한 명이 일어나 소리쳤다.

"뭐라고? 네 놈들 때문에 난 가진 땅도 모두 잃고, 우리 가족들은 굶주림을 밥 먹듯 했다, 이놈아!"

판사　진정하세요! 법정은 신성한 공간입니다. 법정을 소란하게 하면 밖으로 쫓아내겠습니다.

오진실 변호사　존경하는 판사님, 총독부와 식산국은 쌀 생산을 늘린다는 이유로 산미 증식 계획이라는 것을 실시했습니다. 그런데 이 계획은 조선 농민들에게 고통만 안겨 줄 뿐이었습니다. 조선 농민

단작 형태
단일한 작물만 재배하는 형태를
가리킵니다.

들은 식량이 부족해서 끼니를 거르는 것은 보통이고, 수리 조합 비용이다 뭐다 내야 할 세금은 많아서 빚을 질 수밖에 없는 형편이었습니다. 그나마 가지고 있던 땅마저 팔아야 하는 어려운 상황에 처했습니다. 이뿐만이 아닙니다. 소작농으로 일하면서는 많은 소작료를 내야 하는 이중 고통에 시달렸습니다. 이는 총독부와 농림부의 책임이 명백합니다.

판사   잘 모르는 사람들을 위해 좀 더 구체적으로 설명해 주시기 바랍니다.

오진실 변호사   15년 동안 실시될 예정이었으나 제1기 계획부터 제대로 운영되지 못했습니다. 1925년까지 6년간 토지 개량 사업의 실적은 계획의 60% 정도에 그쳤고, 게다가 경작법이나 비료 문제를 해결한 것이 아니라서 미곡의 증산량도 예상을 훨씬 밑돌았습니다. 이것의 주된 원인은 공공사업인 토지 개량 사업에 대한 정부의 보조가 부족했기 때문이었습니다. 이 사업으로 논농사 방면에 일정한 발전이 보인 것은 사실이지만 농업 구조가 전반적으로 왜곡되어서 거의 미곡 단작 형태의 농업 구조를 형성하게 됩니다. 쌀에 편중되면서 밭농사를 후퇴시켰고, 따라서 전통적인 조선 농법의 계승 발전도 저해를 받았습니다.

판사   네, 잘 들었습니다. 산미 증식 계획이란 것이 그런 것이었군요. 그럼, 계획이 실패해서 쌀 증산이 이루어지지 않은 것이군요?

나카무라 변호사   그렇지 않습니다. 다음 표를 보아 주시기 바랍니다. 보시는 바와 같이 산미 증식 계획을 하는 동안 쌀 생산은 계속 증가했습니다.

일제 강점기 쌀 생산량과 소비량 및 수출량

단위: 천 석 / 출처: 국사편찬위원회

연도	쌀 생산량(천 석)	일본 수출량(천 석)	한국인 연간 1인당 소비량(석)	일본인 연간 1인당 소비량(석)
1912	11,568	2,910	0.772	1.068
1915	14,130	2,058	0.738	1.111
1917	13,933	1,296	0.720	1.126
1919	15,294	2,874	0.725	1.124
1921	14,882	3,080	0.675	1.153
1923	15,014	3,624	0.647	1.153
1925	13,219	4,619	0.519	1.128
1926	14,773	5,429	0.533	1.131
1927	15,300	6,136	0.523	1.095
1928	17,298	7,405	0.540	1.129
1929	13,511	5,609	0.446	1.110
1930	13,511	5,426	0.451	1.077

〈조선 총독부 농림국, 『조선 미곡 요람』〉

"어, 정말이잖아? 그럼 어떻게 되는 거야? 원고 측이 지금 거짓말을 한다는 거야?"

방청석이 술렁거렸다. 오진실 변호사는 불쾌하다는 듯이 얼굴을 찌푸렸다.

판사 　두 차례의 계획이 실패했어도 쌀의 생산이 증가했단 말이죠. 그렇다면 원고 측, 무엇이 문제인지 반론하시겠습니까?

오진실 변호사　네. 친애하는 판사님, 그리고 방청객 여러분. 피고 측은 지금 100% 진실을 말하지 않고 있습니다. 쌀 생산이 늘었다는 것은 저도 인정합니다. 그런데 이 모든 것이 조선 농민을 위한 것이라는 이야기는 새빨간 거짓말입니다. 산미 증식 계획이라는 것은 처음부터 일본을 위한 것이었습니다.

판사　오진실 변호인, 자세히 이야기해 주시겠습니까?

오진실 변호사　네. 먼저 총독부가 산미 증식 계획을 실시한 배경을 알아야 합니다. 제1차 세계 대전 이후 일본은 산업혁명이 진행되었습니다. 그 영향으로 농업 인구가 도시로 이주하여 농사짓는 사람들이 줄어들었지요. 그런 상황에서 흉년이 들었습니다. 지주들은 쌀을 독점했고, 지주에게 쌀을 공급받아서 파는 도매상들은 가격을 담합했습니다. 결국 쌀값이 오르고 식량을 구하기 어려워지자 1918년 '쌀 소동'이 일어났습니다. 주부들이 쌀 가격을 내리라고 요구하는 시위가 발생한 것입니다. 이는 전국적으로 확산되었고, 일본에서는 내각이 바뀌게 되었지요. 그런 일본 내의 어려움을 해결하기 위해 실시한 것이 산미 증식 계획인 것입니다. 조선을 안정된, 영구적인 식량 공급지로 만드는 것이지요.

어기짱　그건 말도 안 되는 억지입니다. 우리는 일본 농민도 조선 농민도 모두 잘 살 수 있도록 하는 것이 우리의 의무임을 항상 염두에 두고 모든 정책을 추진했습니다.

판사　증인, 아무 때나 끼어들지 말고 조용히 하세요! 나중에 변론

할 기회를 드리겠습니다.

오진실 변호사   이 사진을 보고도 그렇게 이야기할 수 있을까요?
판사님, 사진을 증거로 제출합니다.

판사   인정합니다.

오진실 변호사   농업을 중심으로 생활하던 조선 경제 수준에서 쌀
소비량은 삶의 질을 가늠하는 지표라고 할 수 있습니다. 1912년에서
1930년 사이에 실질적으로 쌀의 생산은 늘어났습니다. 그런데 늘어
난 쌀보다 일본으로 수출된 쌀이 더 많았고, 1917년 이후 조선인들

의 쌀 소비량은 점차 줄어들고 일본인들의 쌀 소비는 더 늘어났습니다. 또 이 사진은 어떻습니까? 군산항에 쌓여 있는 쌀을 찍은 것입니다. 이렇게 많은 쌀이 배에 실려 일본에 보내졌습니다. 이래도 조선 농민을 위한다고 할 수 있을까요?

군산항에 드나드는 배를 통해 쌀을 비롯한 여러 가지 물자가 일본으로 빠져나갔습니다.

"아니! 저게 다 뭐야? 우리는 생활이 어려워서 쌀 팔아서 잡곡 사다가 겨우 끼니를 때웠는데……."

"이게 대체 어떻게 된 거야?"

판사　자자, 진정해 주세요. 원고 측, 이 많은 쌀이 어떻게 해서 일본으로 보내졌나요? 이 때문에 농민들의 생활이 어려워진 건가요?

오진실 변호사　조선에서 생산된 쌀은 일본에 팔려 나간 것입니다. 넓은 토지를 소유한 소수의 지주들이 땅을 빌려 주고 수확한 양의 절반이 넘는 소작료를 받아 갑니다. 그리고 그 대부분이 시장을 통해 일본으로 팔려 가는 것이지요. 물론 거기에는 조선 농민들의 헤아릴 수 없는 고통이 수반되어 있고요.

판사　구체적인 근거가 있습니까?

오진실 변호사　네, 판사님. 그것은 다름 아닌 고율의 소작료였습니다. 즉, 토지 조사 사업 이후 농촌에서 엄격한 근대적 소유권 제도가 강요되면서 지주의 토지에 대한 지배력이 강화되었습니다. 한편으로는 엉기성기 농촌에 모여 있는 소작농 중에서 소작지를 확보하려는 이른바 차지경쟁이 격화되었고, 이런 상황에서 힘없는 소작농은 지주 측의 소작료 인상 요구를 속수무책으로 당할 수밖에 없었습니다. 구체적으로 소작농들은 60% 이상을 기본적으로 지주에게 바쳤고, 거기에 지세나 각종 잡비 외에 고리대까지 포함하면 70~80%에 이르는 경우도 많았습니다.

나카무라 변호사　그것은 과장된 근거 없는 수치입니다!

오진실 변호사　1920년대 말 전국적으로 확산된 혁명적 농민 조합의 요구 사항 중에는 '소작료 4할'이라는 구호가 있었는데 오죽했으면 4할만 되어도 살겠다 싶었을까요? 현실은 냉혹했고, 총독부의 의도와 상관없이 조선 농민들의 고통은 현실이었습니다. 이래도 과장이라고 할 수 있습니까?

판사　피고 측, 그게 사실입니까? 다른 증거가 있나요?

나카무라 변호사　어느 정도 사실입니다. 그러나 그것은 총독부나 농림국에서 의도한 것이 아닙니다. 지주들이 자신의 욕심을 채우기 위해 독단적으로 한 것이지요. 그리고 이런 사태에 책임을 느껴 총독부에서는 만주에서 잡곡을 들여와서 시장에 풀었습니다. 또 일본 농민의 상황이 개선되고 나면 일본 농민들도 조선 농민들의 생활을 도울 수 있지 않겠습니까? 일본과 조선이 남입니까?

오진실 변호사　이것 보세요. 조선 농민들은 자신에게 남아 있는 적은 양의 쌀조차도 생계를 위해 팔고 대신 잡곡으로 연명을 하는 실정이었습니다. 심지어 잡곡조차도 제대로 먹지 못하는 사람이 너무도 많았습니다. 지주들이 높은 소작료를 챙기는데도 제대로 된 대책조차 마련하지 않다니, 혹 지주들과 결탁해서 일부러 쌀을 빼돌린 것 아닙니까? 일본 본토에서도 쌀이 부족하면 잡곡을 수입하거나 산미 증식 계획을 실시하지 왜 조선에서 실시하고 증산된 쌀을 일본으로 가져가는 겁니까? 어기짱 농림국장에게 묻겠습니다. 말씀해 보세요!

어기짱 에…… 그것은 경제 논리에 따른 것입니다. 조선에서는 아직 공업 발전이 더디고, 또한 산업이 균형 있게 발전하지 못한 상황에서 산미 증식을 통해 기본적인 식량 자급을 해야 한다고 보았지요. 실제로 본토의 사정이 심각했습니다. 그런 상품화는 총독부가 추진한 사업이 아니라 지주들이 자신들의 수입을 증대시키기 위해서 출혈 수출한 것입니다. 총독부가 쌀 수출을 주도했다는 것은 어불성설이며, 쌀 수출로 총독부가 실제 이득을 본 것은 아무것도 없습니다. 결국 쌀 수출에 나선 조선인 지주들이 돈을 많이 벌었고, 그 덕분에 1930년대 조선인 공장이 많이 신설될 수 있었던 것이 아닙니까? 게다가 돈이 들어오니 얼마나 사회적으로 문화적으로 생기 있는 사회가 되었습니까?

판사 산미 증식 계획으로 조선에서 공업화가 되었다는 이야기를 하시는데, 그 문제는 다음 재판에서 말하기로 하고, 오늘은 일단 산미 증식 계획에 대한 문제에 대해서만 이야기해 주기 바랍니다. 오 변호인, 말씀 계속하세요.

왜 일본은 조선을 수탈했을까?

오진실 변호사 예, 판사님. 산미 증식 계획으로 일본인의 삶은 부유하게 한 대신 조선인의 삶은 피폐되었다는 말씀이신데, 오늘은 그 문제부터 따지고 싶네요. 산미 증식 계획의 일환으로 전개된 사업 중에서 수리 조합 사업이 있는데, 이것 또한 일본인 위주의 사업이었다는 증거가 속속 드러났지요.

나카무라 변호사 판사님, 이의 있습니다. 지금 원고 측은 증인을 근거 없이 지나치게 몰아붙이고 있습니다.

판사 기각합니다. 오진실 변호인, 계속하세요.

오진실 변호사 네, 판사님. 수리 사업은 토지 집중을 초래했는데, 일본인 지주는 이 기회를 이용하여 많은 미간지를 구입하고 수리 사업을 통해 옥토로 만들었지요. 각종 수리 사업에서 일본인들이 주도권을 장악했으나 조선인 중소 지주의 경우는 수리 조합 사업에 참여하기 무척 힘이 들었지요. 어기짱 농림국장, 맞습니까?

어기짱 에…… 물론 먼저 근대적으로 계몽된 일본인이 수리 조합 사업에 관심을 가지고 사업의 주도권을 장악한 것은 일면 인정합니다. 왜냐하면 조선인 지주들은 그만큼 생각이 낙후되었고, 전근대적인 사고방식으로 소작료 수입에 의존하려는 경향이 강했기 때문입니다. 반면 일본인들은 농지 개량, 농법 개량에 깊은 관심을 가지고 총독부 당국에 좀 더 많은 쌀을 생산할 수 있도록 각종 탄원서나 의견서를 제출하기도 했지요. 일본인과 조선인은 비록 정치적으로 평등하지만 경제 활동에서는 수준의 차이에 따라서 뒤처진 것입니다. 일본인 지주가 강탈한 듯이 말하는 것은 사실을 왜곡하는 것입니다.

미간지
아직 개간하지 못하였거나 아니한 땅을 말합니다.

오진실 변호사　어기짱 증인! 제가 알기로는 그렇지 않습니다. 많은 자금을 소요하는 수리 조합 공사비의 약 90%가 차입금으로 운영되었는데 그 이자 부담이 참으로 무거웠습니다. 1928년 현재 수리 조합의 차입 총액은 9000여만 원인데 평균 금리가 8.2%였습니다. 조선에서는 일본이나 대만에 비해 사회 간접 자본의 성격을 가진 치수 사업에 대한 행정적 · 재정적 지원이 부족했기에 수리 조합비의 부담이 커지고 조선인 중소지주들을 압박한 것이지요. 무엇보다도 수리 조합이 필요 없는 지역에서도 총독부가 강권을 해서 조합비를 부과한 것은 본 사업이 대단히 약탈적이었다는 것을 말합니다. 제 말이 틀렸습니까?

어기짱　수리 조합 사업에서 정부 보조금 문제를 말씀하신 거죠? 일본에서는 정부 보조율이 70~80%에 달했지만 조선에서는 20~30%밖에 안 되었어요. 지적하신 대로 조선의 사정은 그만큼 어려웠습니다. 그 누가 낙후된 조선에 그만큼 많은 돈을 투자하려고 하겠어요. 그래도 우리 총독부는 열심히 발품을 팔아서 일본 본토의 대장성으로부터 많은 돈을 가지고 와서 조선의 산업 발달을 위한 산미 증식 계획이나 수리 사업에 적극 투자한 사실을 잊지 말아 주십시오.

판사　자자, 모두 조용히 하십시오. 원고와 피고 측의 이야기 잘 들었습니다. 잠시 휴정하겠습니다.

　왜 일본은 조선을 수탈했을까?

2

쌀 증산, 혜택을 본 사람은 조선인 지주였다고?

판사 계속해서 재판을 진행하겠습니다. 산미 증식 계획은 비록 실패했지만 쌀이 증가한 것은 양측 모두 인정하는 것 같군요. 그런데 조선 농민들의 어려운 생활에는 지주들의 책임도 있는 것 같습니다. 먼저 지주제가 무엇인지 피고 측에서 설명해 주시겠습니까?

나카무라 변호사 네, 판사님. 지주제는 토지의 소유권을 개인이나 단체가 점유할 수 있는 제도입니다. 여러분도 아시겠지만 이전에 조선의 토지는 소유관계가 정확하지 않았습니다. 그래서 일제는 토지 조사 사업을 통해 소유관계를 명확히 하려고 했습니다. 그리고 외국인도 토지를 소유할 수 있도록 일물일권화하여 합법화시켰습니다. 이때 소유권을 인정받은 사람들은 자신들의 땅을 갖게 되고 경작도 할 수 있게 되었습니다. 이런 과정을 통해 우리는 조선을 근대적 국

계통농회
일제가 조선의 농업을 수탈하기
위해 만든 농민 조직 농회는 일
제 강점기에 농업 행정을 보조
하는 단체로 1926년 설립됐으
며 '조선농회'라고도 부른다

가로 나아가도록 인도한 것이지요.

판사　　그렇군요. 그런데 오진실 변호인, 산미 증식 계획과 관련해서 지주도 책임이 있다고 하는데, 그것은 무슨 말인가요?

오진실 변호사　　네. 존경하는 판사님, 그리고 방청객 여러분. 능력만 있다면 정당하게 자기 소유의 땅을 갖는 것은 문제될 것이 없을지도 모릅니다. 그러나 조선 농민을 못살게 구는 대다수의 지주는 모두 불합리하게 땅을 차지했습니다. 여기에는 일본인 지주들뿐만 아니라 조선인 지주들도 있습니다.

나카무라 변호사　　무슨 말을 그렇게 하는 겁니까? 총독부가 지주들과 결탁했다는 증거라도 있습니까?

판사　　오진실 변호인, 근거가 있습니까?

오진실 변호사　　네. 개항 이후 쌀 수출이 확대되자 쌀값이 올랐고, 쌀을 판매함으로써 지주의 수익은 증가했습니다. 이와 함께 산미 증식 계획이 실시되면서 총독부는 조선의 지주들을 쌀 수출 시장에 적극 참여시키고, 이들을 통해 농촌을 지배하고자 했습니다. 이런 과정에서 지주회(地主會)와 계통농회(系統農會) 등이 설립되었고, 지주 간담회(地主懇談會)가 실시되었지요.

나카무라 변호사　　아니! 땅 주인들을 모아서 여러 가지 방법을 교육하고 알려 주는 것이 무슨 죄입니까? 무슨 불법이라도 저질렀다는 것입니까? 주먹들을 동원해서 땅이라도 빼앗았다는 듯이 말씀하지 마세요!

판사　　나카무라 변호인, 진정하세요. 오진실 변호인, 계속하세요.

오진실 변호사　　네, 판사님. 물론 피고 측 주장대로 순수하게 좀 더 나은 농법이나 농업 기술에 관해 교육하고 알려 주는 것은 나쁘지 않은 일입니다. 문제는 결과적으로 쌀을 증산하기 위해 실시했던 계획으로 지주들은 이익을 챙기기에 급급했고, 그러면서 농민들을 더욱 수탈하여 오히려 더 힘든 삶을 살게 했다는 데 있습니다. 즉, 그런 활동을 통해서 열악한 농민의 땅을 야금야금 삼킨 것이 문제라는 겁니다. 지주회, 계통농회를 통해 지주들이 이윤에 더욱 많은 관심을 가지면서 소작지에 대한 감시와 가혹한 소작 조건을 확대하고자 했던 것입니다.

나카무라 변호사　　인간이란 누구든 자신의 욕망을 실현시키고 싶어 하는 마음이 있습니다. 지주라고 예외입니까? 아니, 지주들은 뭐 그냥 시골에서 소작료 수입만 받아서 그저 그런 생활만 유지하라는 법이 있습니까? 빈부 격차의 확대가 꼭 인간 사회의 극악한 모순이라고 말한다면 이미 수천 년 전에 지구는 망했어야 합니다.

오진실 변호사　　판사님, 이의 있습니다. 피고 측에서 지나치게 극단적인 비유로 현상을 왜곡하고 있습니다.

판사　　인정합니다. 나카무라 변호인, 자제해 주세요.

나카무라 변호사　　네, 솔직히 말해 봅시다. 가난한 자도 당시의 지주들처럼 노력해서 자신도 부자가 될 수 있겠다는 신념과 하면 된다는 자신감을 가지고 살면 농민도 차츰 생활이 나아지는 법입니다. 지주들이 돈을 많이 버는 데 혈안이 되었다는 이유로 무조건 그들을 모독한다면 그것은 잘못된 인식이라고 생각합니다. 돈을 버는 데 법만 잘 지키면 되지, 무슨 민족이 있고 국가가 있습니까?

오진실 변호사　　허참…… 빈부 격차 자체를 해결하자고 이 자리에 나와 있는 것이 아니지 않습니까? 어떤 제도가 무언가의 부작용을 일으킨다면 노력해서 고쳐야 하고, 잘못된 정책으로 수많은 농민이 고통 받았다면 그것에 대한 반성을 해야만 진정한 사회 발전이 있지 않을까요? 산미 증식 계획이 그 자체로 쌀을 증산하는 정책으로 이어졌다면 무엇이 문제였으며, 제가 굳이 소장을 들고 여기에 서 있겠습니까?

나카무라 변호사　실제 물화(物貨)의 흐름과는 달리 무조건 총독부 잘못이라는 식으로 모든 것을 정치적으로 해석하는 것이 얼마나 부당한 것인지를 알아야 합니다.

오진실 변호사　문제는 산미 증식 계획을 통해서 지주들이 단결하여 농민의 삶을 피폐하게 만들었다는 것입니다. 산미 증식 계획 시기에 쌀 수출과 더불어 토지 겸병은 소농민의 삶을 가장 힘들게 만든 두 가지의 원인입니다. 참고로 그 시기에 얼마나 지주들이 토지를 합병했는가 하면, 1918년 지주층은 전경지의 50.4%를 소유했지만 1933년에는 56.3%를 소유하기에 이르렀습니다. 밭보다는 논에서, 밭이 많은 북부 지방보다는 논이 많은 남부 지방에서 토지 집중이 보다 현저했습니다. 그리고 50정보 이상에는 조선인 지주보다는 일본인 대지주가 훨씬 빠르게 확대되었습니다.

판사　그게 무슨 말인가요?

오진실 변호사　처음에는 조선 농촌에 있는 일반 자작농들이 증가했습니다. 그런데 새로 보급된 우량 품종의 볍씨를 가지고 생산량을 늘리려면 화학 비료가 필요했습니다. 그러나 농민들은 지주들처럼 토지 개량을 위해 정부 알선 저금리 자금과 국고 보조금을 받지 못하는 상황이었기 때문에 높은 이자를 부담하면서 비료를 외상 구입할 수밖에 없었습니다. 게다가 수리 시설도 필요한데, 이를 이용하는 데도 막대한 비용이 들었고요. 토지세는 또 어떻고요. 결국 그 빚을 갚으려다 보니 쌀을 팔아 그보다 더 싼 잡곡을 먹을 수밖에 없

고, 심하면 땅도 팔아야만 했지요. 결국 이런 과정에서 중간계층은
다 몰락하고 소작농과 대지주라는 양극화가 발생할 수밖에 없었습
니다. 이 모든 것이 지주들에게만 유리하게 이루어진 것이 아니란
말입니까? 게다가 소작농의 처지에서 보면 생활은 더욱 불안정했지
요. 예를 들어 지주들이 바뀔 때마다 새로이 계약을 해야 하고, 그때
마다 소작료는 올라서 많게는 생산량의 60%에 달했습니다. 수리 시
설이 있는 논의 경우는 수리 조합 비용이 드는데, 지주들이 소작료
를 인상해서 그 비용을 충당하기도 하고요. 이것이 당시 조선 농민
의 현실이었습니다.

"옳소~! 옳소~! 거참, 정말 시원하게 이야기 잘하네!"

방청객들은 떠들썩하게 박수를 치며 맞장구를 치기도 하고 고개를 끄덕이기도 했다.

판사　　조용! 조용! 여기는 신성한 법정입니다.

나카무라 변호사　　빈부 격차는 하늘의 죄이지 총독부의 죄가 아닙니다. 총독부도 이윤이 없는 곳에 돈을 투자할 수 없는 것 아닙니까? 누구든 자금을 투자한다면 수익이 나는 곳에 투자하는 법입니다. 정부 재정이라고 해서 무조건 가난한 농민 구제에만 힘쓸 수는 없습니다. "가난은 나랏님도 못 구한다"는 말을 모르십니까? 총독부는 가능한 한 많은 조선인이 어려운 삶에서 해방되는 것에 많은 관심을 가지고 통치에 임했습니다.

오진실 변호사　　모든 것을 국가가 해결해야 한다고 말하는 것은 아닙니다. 적어도 일본인이나 소수의 지주만을 위한 국가가 아니라 조선인 다수가 일정하게 보호되어야 한다고 봅니다. 그러나 총독부는 편파적인 행정을 펼쳤습니다.

나카무라 변호사　　이의 있습니다. 원고 측에서는 지나치게 관념적이고 근거 없는 내용을 수락하라고 피고 측에 강요하고 있습니다.

판사　　기각합니다. 다만 원고 측은 분명한 증거를 가지고 말씀해 주세요.

오진실 변호사　　알겠습니다. 농민들은 생계가 어려워지자 자신들의 대표를 선출하여 여러 차례 총독부에 건의를 했습니다. 총독부에서는 대책을 마련해 주지 않았고 농민들은 분노했습니다.

판사 피고 측, 원고 측 주장처럼 농민들이 당시의 상황을 개선시켜 달라고 요구한 적이 있습니까?

나카무라 변호사 험, 험! 네. 판사님, 그런 일이 있었습니다.

판사 그런데 원고 측 이야기로는 농민들의 요구를 들어주지 않았다는데 무슨 이야기인지 설명해 주시겠습니까?

나카무라 변호사 네, 판사님. 그 부분은 참으로 억울합니다. 사실 농민들의 어려운 생활에 대해서는 총독부도 알고 있었고, 이것을 개선하기 위해 여러 측면에서 방법을 찾고자 노력했지요. 그래서 실시된 것이 농가 경제 안정화를 위한 농촌 진흥 운동과 조선 농지령입니다. 그리고 농가 갱생 계획을 위해 자작 농지 설정 사업과 부채 정리 사업 등 다양한 정책을 펼쳤습니다. 그 결과 어느 정도 안정된 것도 사실이지요. 총독부에서는 농민들의 입장을 들어주기 위해 많은 노력을 기울였다는 것을 알아주십시오. 지주들이 땅을 넓히는 데 도움을 주거나 하지는 않았습니다.

오진실 변호사 이것 보세요! 피고 측 변호인, 소작 농민들은 이런 불합리한 상황을 개선시켜 달라고 총독부에 수차례 요구했습니다. 그런데도 총독부는 듣지 않았어요.

판사 자자, 양측 변호인들. 진정하세요.

오진실 변호사 판사님, 당시 소작료가 증가한 상황에 대해 설명해 줄 나지주 씨를 증인으로 신청합니다.

판사 네, 인정합니다. 증인 나지주는 앞으로 나오세요. 본 법정에서 오직 진실만을 말할 것을 맹세합니까?

나지주　　네, 판사님. 맹세합니다.

판사　　그럼 자리에 앉아 변호인이 묻는 질문에 답해 주세요.

나카무라 변호사　　판사님, 제가 먼저 증인 신문을 하고 싶습니다.

판사　　좋습니다. 원고 측 변호인, 괜찮겠지요?

오진실 변호사　　예, 먼저 하시지요.

나카무라 변호사　　고맙습니다. 그럼 증인, 소작료가 증가했던 당시 상황에 대해 이야기해 주시겠습니까?

나지주　　사실 쌀값은 처음에는 올랐습니다. 그런데 이게 계속되지는 않더군요. 1920년대 후반에 쌀값은 급격히 하락했습니다. 쌀을 더 많이 생산하기 위해서는 비료도 많이 필요하고, 수리 시설도 개선해야 했는데 여기에는 엄청난 비용이 들었지요. 그래서 할 수 없이 조선 식산은행이나 수리 조합에서 대출을 했습니다. 그런데 쌀값이 내리다 보니 이익은 줄어들고, 빌린 돈에 대한 이자 부담은 너무도 컸어요. 그래서 어쩔 수 없이 소작료를 올리게 되었지요. 결코 일부러 그런 것은 아닙니다.

판사　　잘 들었습니다. 원고 측 변호인, 반대 신문하세요.

오진실 변호사　　네. 증인에게 묻겠습니다. 총독부가 지주들이 땅을 넓히는 데 도움을 주었나요?

나지주　　글쎄요, 그런 적은 없었습니다.

오진실 변호사　　제가 조사한 바에 따르면, 쌀값이 내리자 지주들이 이에 대응하기 위해 더욱더 쌀을 많이 모으려고 했고, 그 과정에서 높은 소작료를 책정하고 고리대금을 하여 농민들로 하여금 땅을 팔도록 유도한 것 아닙니까? 또 총독부는 이런 사실을 알고서도 묵인해 준 것 아닙니까? 결국 이런 과정을 거쳐 지주들이 땅을 넓혀 간 거라고 생각해도 되겠습니까?

나지주 아마도 그렇다고 할 수 있겠지요. 뭐, 일부 그런 대지주들도 있다고 들었습니다마는 많은 지주가 오히려 땅을 잃기도 했습니다. 나도 말이 좋아서 지주이지 사실은 나 역시 피해자입니다.

오진실 변호사 그건 무슨 말씀입니까?

나지주 사실은 나 같은 소지주들은 오히려 수리 조합 반대 운동을 하기도 했습니다. 왜냐하면 농사 개량을 목적으로 수리 조합이 설립되고 조합비를 내야 하는데, 비용이 워낙 많이 들다 보니 나 역시도 땅을 잃을 처지에 놓여 있었습니다. 상황이 이렇다 보니 많은 곳에서 나 같은 지주나 일반 농민들이 시위를 한다고 들었습니다. 황해도 연백에 사는 내 친구도 역시 소지주로 있지만, 선만 개척 주식회사의 수리 조합 설립을 반대한다고 총독부에 탄원서를 내고, 손해 배상 소송도 제기했다고 합니다. 그렇지만 총독부는 연백 수리 조합의 설립을 허가했다고 하더군요. 그러니 나 같은 소지주의 입장에서는 총독부 덕을 본 것이 거의 없는 것 같습니다. 땅을 넓힌 것은 일부 대지주들 이야기지요.

오진실 변호사 잘 들었습니다. 이상 증인 질문을 마치겠습니다.

어기짱 자꾸 '소작농, 소작농' 하는데, 뭐 조선 천지에 소작농만 힘들었는 줄 아십니까? 지주들도 힘들었어요.

판사　어기짱 증인! 아무 때나 불쑥 발언하는 것을 삼가하길 바랍니다. 먼저 원고 측 변호인은 정리해 주시지요.

오진실 변호사　예, 알겠습니다. 물론 지주들만의 잘못은 아닙니다. 그러나 총독부 책임은 크다고 할 수 있습니다. 산미 증식 계획과 쌀값 하락 등으로 소작농과 대지주라는 양극화가 진행되었으니까요. 이때 지주들은 많은 땅과 쌀을 확보하여 화폐를 축적했고, 이것을 농업 이외에 산업에도 투자하려고 했습니다. 그런데 사실상 자본가로서 전환하기가 힘들었습니다. 그러다 보니 땅에 대한 투자가 늘어났고, 그 결과 대지주와 소작농의 양극화가 더욱 심해진 것입니다. 이렇게 지주제가 강화되었는데도 총독부는 대책을 제대로 내놓지 못했습니다. 이 모든 것이 근본적으로 잘못된 총독부의 정책에 원인이 있다고 할 수 있습니다.

나카무라 변호사　지주가 늘어난 것이, 혹은 지주제가 강화되고 소작농이 늘어난 것이 모두 총독부 책임이라는 것입니까? 같은 시기 일본 본토는 그렇지 않았습니다. 1920년대 노동력과 비료를 많이 투입하는 도작 기술 체계를 생산력 기반으로 하면서 조선과는 달리 자작농 경영이 착실히 성장하고 있었습니다. 결국 비슷한 정책을 사용했지만 일본 본토와 조선이 달랐던 것은 조선의 소작 관행 때문이었습니다. 사회적 관행은 견고하고 생산력 기반은 취약한 상황에서 조선 농민은 경영 안정에만 혈안이 되어 과감한 혁신적 농업 경영을 포기하는 경우가 많았습니다. 그리하여 경영 자립을 위하여 장시(場市)를 중심으로 한 교환 이외에는 화폐 지출을 억제하는 데 관심을 집중

> **장시**
> 조선 시대에 보통 5일마다 열리던 사설 시장을 말합니다.

했지요. 소작농이 가난한 것은 조선 전통의 생산 양식이 그대로 이어
지면서 발생한 결과이지 총독부의 조선 농업 정책 실패로 인한 것이
라고 주장할 근거는 없다고 생각합니다.

왜 일본은 조선을 수탈했을까?

3

쌀 수출은 농민에게 희망을 주었나?

판사　원고 측의 주장을 정리해 보면, 총독부의 정책으로 지주가 늘어나고 소작농이 증가하는 양극화 현상만 더욱 심해진 게로군요. 그런데 원고, 피고 측에게 묻고 싶은 것이 있습니다. 쌀 생산이 늘어나고 수출도 늘어났다는데 쌀 수출은 언제부터 시작된 것인가요?

나카무라 변호사　그것은 제가 이야기하겠습니다. 쌀 수출은 일본의 요구에 의해 개항 때부터 시작되었지만 본격적인 것은 통감부를 거쳐 합방되고 난 이후입니다. 생산된 물자가 전국 곳곳에 빠르게 이동될 수 있도록 전국 각지에 철도를 개설했습니다. 이 모든 것이 조선을 위한 것이지요.

오진실 변호사　판사님, 피고 측은 진실을 말하지 않고 있습니다.

나카무라 변호사　아니, 내가 무슨 진실을 말하지 않는다는 겁니까?

판사 자자, 또 왜들 그러세요? 진정들 하세요. 원고 측 변호인, 그게 무슨 말입니까?

오진실 변호사 네, 피고 측이 밝히지 않은 부분에 대해 제가 보충하겠습니다. 먼저 이미 다 밝혀진 사실이지만, 조선은 일본과 합방된 것이 아니고 강제로 병합된 것입니다. 피고 측은 정정해 주세요. 아무튼 일제가 조선을 지배하면서 농업 체제에 변화가 온 것은 사실입니다. 그리고 전국 각지에 철도가 개설되었지요. 그 철도가 끝나는 곳엔 항구가 건설되었습니다. 그리고 그 항구를 중심으로 새로운 도시들도 생겼습니다.

"철도가 설치되고 항구가 생겼으니 지역 경제에 얼마나 보탬이 되었어? 그런데도 은혜를 모르는 조선놈들이라니! 정말 한심하지 뭐야?"

몇몇 일본인 방청객들이 조선 사람들을 노려보며 쑥덕거렸다.

판사 조용히 하세요. 오진실 변호인, 계속하세요.

오진실 변호사 그런데 여기에 문제가 있습니다. 총독부는 조선에서 생산된 여러 물품을 다름 아닌 이런 항구를 통해 일본으로 반출해 간 것이지요. 지난번에 사진에서 보았듯이 원산항에는 많은 쌀이 쌓여 있었습니다. 그 많은 쌀이 일본으로 전해진 것이지요. 또 다른 예로는 마산항을 들 수 있습니다. 마산항은 1911년에 폐쇄되어 일본과의 단독 무역만이 허가되었습니다. 그리고 마산에 모인 각종 물

품은 일본으로 반출되었습니다. 대신 일본으로부터 여러 소비재가 들어와서 철도를 통해 전국으로 퍼져 나갔지요. 아무튼 이런 단적인 예에서도 나타나듯이 일본이 조선을 위해 철도 시설을 설치했다거나 조선 농업의 안정적 발전을 위해 여러 정책을 실시한 것은 결코 순수한 의도가 아니라고 생각됩니다.

판사   네, 두 분 말씀 잘 들었습니다. 그러나 지금은 그런 잘잘못을 따지는 자리가 아닙니다. 두 분 다 재판에 집중해 주세요. 계속하겠습니다. 쌀 수출이 꽤 일찍 이루어졌군요. 그런데 조선의 농민 지주들은 쌀을 생산하고 이것을 수출해서 돈을 벌었나요?

나카무라 변호사　네, 그렇습니다. 당시 조선에서 생산된 쌀은 일본으로 수출되기도 하여 지주들은 많은 이익을 차지하게 되었습니다. 쌀을 판 덕분에 일부 지주들은 많은 화폐를 축적하기도 했지요. 그러다 보니 토지에 투자하여 이익을 바라는 것은 당연한 것 아니겠습니까? 자본주의 사회가 그런 것이지요. 그러니까 일본의 자본도 조선에 들어와 토지에 투자하는 것이고요. 이것이 "누이 좋고 매부 좋다"는 것입니다.

오진실 변호사　피고 측 변호인, 무엇이 "누이 좋고 매부 좋다"는 것입니까? 결국 쌀 수출로 돈을 모은 것은 일부 대지주뿐이지 않나요?

판사　원고 측 변호인, 무슨 뜻입니까?

오진실 변호사　네, 지주들은 쌀을 상품화해서 판매하는 과정에서 유리한 위치에 있었습니다. 일반 농민들은 판매할 수 있는 쌀도 적었고, 토지세·수리 조합비·농사 개량을 위한 대출비 등을 감당하기 위해서는 추수 직후 시세가 낮다는 것을 알면서도 팔 수밖에 없었습니다. 더욱이 도정되지 않은 벼로 판매를 하기 때문에 중개상에게 팔 때는 시세보다도 더 낮은 가격에 팔 수밖에 없었지요. 그런데 지주들은 남는 쌀을 모아 두었다가 쌀값이 오를 때까지 기다리기도 하고, 도정한 쌀을 정미소나 미곡 수출상(본래는 이출상이라고 부름)에게 판매했던 것이지요. 그러니 결국 일부 대지주들만 쌀을 팔고 수출해서 돈을 번 것이지요. 그리고 쌀을 팔아서 번 돈으로 여러 방면에서 화폐를 축적해 나갔습니다. 물론 일제의 식민지 자본이 조선 경제를 장악하고 있어서 몇몇 대지주만 성장할 수 있었던 것이지요. 동고농장이 그 대표적이지요. 아무튼 결국 대지주들만이 쌀을 수출해 돈을 벌 수 있었습니다.

판사 그렇군요. 나카무라 변호인, 원고 측의 발언에 동의합니까?

나카무라 변호사 뭐, 어느 정도는 인정합니다. 그러나 판사님, 이 모든 상황은 우리 총독부가 의도한 바가 아닙니다. 자본주의 경제 체제가 다 그렇지요. 무엇보다 지주들이 자신들의 이익만 생각했던 결과입니다. 그 점을 분명히 알아주시길 바랍니다. 하긴 식민지하에서 지주가 자본가로 전환한다는 게 상당히 힘든 상황이었지요. 그러니 지주로 산다는 것도 쉬운 일은 아니었습니다.

판사 두 분 변호인의 말씀 잘 들었습니다. 정리하면 쌀 수출은 단기적으로 조선 농가에 이득을 주었지만, 결국에는 일부 대지주들만 돈을 벌었고, 일반 농민이나 중소지주들은 오히려 몰락하게 되었다는 말이군요. 그럼 오늘 재판은 여기서 마치도록 하고, 세 번째 재판에서 이어 가도록 하겠습니다.

　땅! 땅! 땅!

일제의 무단 통치와 문화 통치

국권을 강탈한 일제는 1910년대에 강력한 무단 통치를 시행하였습니다. 헌병 경찰 제도를 만들어 항일 운동을 탄압하였고 정치 단체를 만들거나 의견을 내는 것도 모조리 금지했습니다. 또한 사람들을 강제로 끌고 가 고문하거나 죽이기도 했으며, 민족 신문은 폐간되었습니다. 이렇듯 일제의 식민 정책은 우리 민족을 무조건 무력으로 밀어붙였기 때문에 '무단 정치(武斷政治)'라고 말합니다.

10년에 걸친 일제의 폭압적인 무단 통치에 질린 우리 민족은 1919년에 3·1운동을 일으켰고, 이에 일본은 전통과 문화를 존중한다는 구실로 '문화 통치'로 방식을 바꾸었습니다. 보통 경찰 제도를 시행했으며 언론의 자유를 선전하기도 했으나 이 또한 교묘한 일본의 식민 통치 정책에 불과했습니다.

교실에서는 군복에 칼을 찬 교사가 일본어와 일본 역사를 주로 가르쳤습니다.

다알지 기자

역사공화국에서 누구보다 빠르게 뉴스를 전해 드리는 법정 뉴스의 다알지 기자입니다. 오늘 재판에서 원고 측은 산미 증식 계획, 총독부와 지주의 결탁으로 인한 토지 확장과 지나친 쌀 수출이 조선 농민에게 고통을 주었다고 주장했습니다. 또한 증인 나지주를 출석시켜 총독부의 농촌 정책이 일부 대지주를 위한 정책이었음을 증언했습니다. 이에 피고 측은 증인으로 어기짱 농림국장이 다시 나와 산미 증식 계획은 쌀 생산량을 증가시켜 조선 농민들의 생활을 개선하고, 조선의 경제를 발전시켰다고 주장했습니다. 오늘 재판에서도 양측이 대립은 팽팽하게 대립했는데, 이에 양측 변호사를 만나 그 소감을 들어 보겠습니다.

오진실 변호사

　　오늘 재판을 통해 조선 총독부에서 실시한 산미 증식 계획이 조선 농민에게 얼마나 큰 고통을 주었는지 그 사실이 낱낱이 밝혀졌을 것입니다. 증거로 제시한 '조선인과 일본인 1인당 평균 쌀 소비량', '군산항에 쌓인 쌀 사진'에서 드러났듯이 피고 측의 주장과 달리 산미 증식 계획은 오직 일본과 일본인을 위한 정책이었습니다. 일본은 조선에서 가져간 쌀로 배를 채울 동안 조선에서는 빈부 격차가 커지고, 중소농과 소작농의 생활이 극히 어려워졌습니다. 이런 상황에도 피고 측은 자신들이 펼친 정책이 조선을 위한 것이었다고 하니 참 어이가 없을 뿐입니다.

나카무라 변호사

    총독부와 총독부 농림국의 노력으로 조선
의 쌀 생산량도 늘었고, 수출에 따른 자금 유입
으로 오히려 조선의 경제가 발전할 수 있는 기반을
만들었음을 보여 주었습니다. 그런데 이 정책이 오히려 조선 농민의
생활을 피폐하게 만들었다는 주장은 산미 증식 계획 이후의 공업 발전
기반을 무시하는 것이라고 생각됩니다. 뭐 이런 주장들은 왜곡에 억지
를 부린다는 생각밖에는 들지 않습니다.

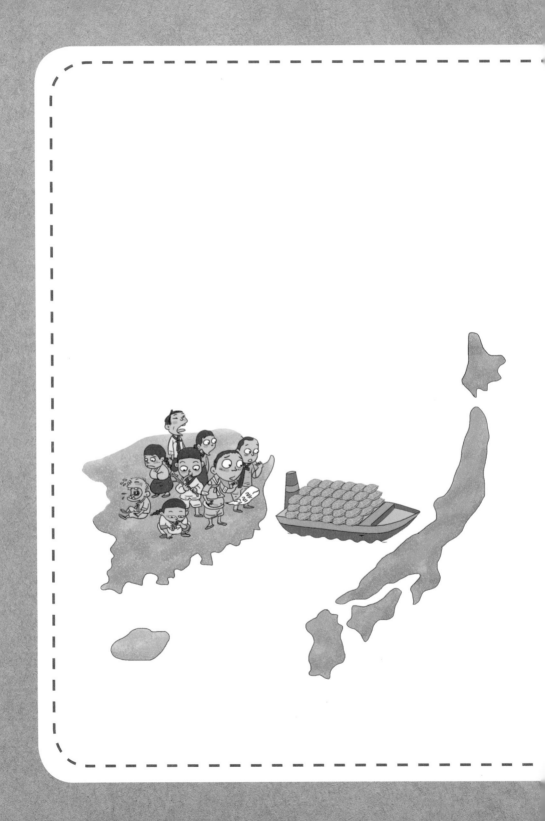

일본 덕에 농민 생활이 나아졌다고?

1. 농촌 진흥 운동이 농촌 생활을 나아지게 했다?
2. 자작농 창설 운동은 제대로 이루어졌다?
3. 공출! 지주도 피해자였다?

농촌 진흥 운동이
농촌 생활을 나아지게 했다?

판사　자, 이제 세 번째 재판을 시작하도록 하겠습니다. 오늘은 마지막 날이니만큼 양측 다 후회가 남지 않도록 최선을 다해 주시기 바랍니다. 피고 측 변론을 먼저 들어 보도록 할까요, 나카무라 변호인?

나카무라 변호사　감사합니다, 판사님. 사실 이제껏 조선 총독부에서 추진해 왔던 각종 정책이 그 본뜻을 왜곡당하고 억울한 평가를 받아 온 것이 적지 않았습니다. 농촌 진흥 운동만 해도 그렇습니다. 사실 농촌 진흥 운동이 시작될 무렵인 1930년대 초기는 미국에서 시작된 대공황이 전 세계 경제의 앞날을 어둡게 하던 시기였습니다. 도시에서는 공장이 파산하고 조업 단축이 반복되어 실업자가 급격히 늘어나고, 농촌에서는 농산물 가격의 폭락으로 파산자가 줄을 잇던 시대였습니다. 즉 조선 경제의 불황은 조선 총독부의 정책 때문이라기보다는 당시의 세계 경제 대공황이라는 외적 상황에 의해 촉발된 것이라 할 수 있지요.

판사   그렇다면 피고 측 변호인은 당시 조선의 경제 불황에 조선 총독부의 책임이 없다는 것입니까?

나카무라 변호사   물론 당시 조선을 실질적으로 지배하던 존재가 조선 총독부이니 완전하게 책임이 없다고는 하지 못할 것입니다. 하지만 당시의 모든 문제를 총독부 책임으로만 돌리거나, 조선인 지주가 일본에 협력하여 이익을 챙기고 있었다는 등의 역사 왜곡을 해서는 안 된다는 것입니다. 그 구체적 증거를 위해 당시의 신문 기사를 살펴보고자 합니다. 1931년 3월 9일 자 『동아일보』 기사와 같은 해 12월 17일 자 『조선중앙일보』 기사에 이렇게 나와 있습니다. 조선 총독부가 발표한 1931년도 농가 수지를 보면, 농지 1단보당 소작농은 5원 6전, 자작농은 14원 82전의 적자를 보았으며, 심지어 대부분의 지주조차도 9원 20전의 적자를 본 것으로 나와 있습니다. 즉, 이 당시의 농가 경제의 불황은 지주에서부터 소작농까지 모두가 겪고 있었던 상황이지 소작농 일부에게 집중된 것이 아니었다는 것입니다.

판사   우선 피고 측의 주장대로 당시의 경제 상황에서 조선인 지주가 일방적 이익을 얻은 게 아닌 것은 알겠는데, 그렇다면 이것은 당시 조선 총독부의 정책 실패를 의미하는 것이 아닌가요?

나카무라 변호사   아닙니다. 판사님, 제가 처음에 말씀드린 것처럼 경제 대공황이라는 비정상적인 상황이 어떤 정부라도 물가를 관리

하지 못할 정도로 변동시켜 놓았다는 점을 기억해 주시길
바랍니다. 게다가 이런 혼란한 틈을 타 '일부' 조선 지주와
고리대금업자가 경제 질서를 어지럽혔습니다. 『조선중앙
일보』를 보면, "추수한 것을 지주와 채귀(債鬼, 고리대금업
자)에게 빼앗기고 적수공권(赤手空拳)으로 유리(流離)의 길을 떠나"
는 사태가 속출했다는 기사가 있습니다. 이런 복잡한 측면들을 제외
하고 조선 총독부가 단지 식민지 정권이라는 이유만으로 당시 경제
혼란의 모든 원인을 떠넘기는 것은 옳지 않다고 봅니다. 오히려 조
선 총독부는 이런 상황을 극복하고자 적지 않은 노력을 기울였습니
다.

판사   그 노력이 농촌 진흥 운동이라는 것입니까?

나카무라 변호사   바로 그것입니다. 확실히 영명하신 판사님이시라
제 의도를 정확히 판단하시는군요. 이를 증명하고자 당시 농촌 진흥
운동을 펼친 우가키 가즈시게 총독을 증인으로 신청하고자 합니다.

오진실 변호사   판사님, 증인 신청에 이의를 제기합니다. 우가키 총
독이 증인으로 나온다면 농촌 진흥 운동에 대해 자기변명만 늘어놓
을 것이 뻔합니다.

나카무라 변호사   그렇다면 오진실 변호인이 논박하면 될 것이 아
닙니까? 뭘 그리 우려하시는 겁니까? 판사님, 우가키 총독을 통해
농촌 진흥 운동의 의도를 정확히 파악하기 위해서라도 증인 신청이
꼭 필요합니다.

판사는 양측 변호사들을 진정시키고 한동안 고민을 한 뒤, 증인 신청을 허락했다.

신간회
1927년 2월에 민족주의 좌파와 사회주의자들이 연합하여 만든 독립운동 단체입니다.

판사　재판부는 농촌 진흥 운동에 대한 이해를 높이기 위해 우가키 총독의 증언을 허락합니다. 증인은 앞으로 나와서 선서하세요.

우가키 가즈시게　나는 진실만을 말할 것을 선서합니다.

나카무라 변호사　간략한 자기소개와 함께 농촌 진흥 운동에 대해 이야기를 해 주시죠.

우가키 가즈시게　나는 4대 조선 총독 임시 대리와 6대 조선 총독을 지낸 우가키 가즈시게라고 합니다. 본인이 정식 총독으로 조선에 부임하던 1931년도는 조선에 적지 않은 문제가 쌓여 있던 때였어요. 특히 적색 노동조합 운동과 적색 농민조합 운동을 중심으로 한 사회주의 운동이 조직적으로 확대되고 있던 때였지요. 이자들은 전임 총독이었던 사이토 마코토 총독 때부터 신간회 등을 통해 활동하던 자들로, 신간회가 해체된 이후 노동자와 농민들 사이에 침투해 불온한 사상을 퍼뜨리고 있었어요. 내가 취임하여 이들을 탄압하지 않았으면 지금의 한국은 공산주의 국가가 되었을지도 몰라요. 여기에 대해선 여러분들이 우리 조선 총독부에 대해 감사해야죠, 암요.

오진실 변호사　판사님! 지금 증인은 본 재판과 아무런 관계가 없는 사회주의 운동에 관한 이야기를 하고 있습니다. 게다가 1930년대를 비롯한 일제 강점기의 사회주의 운동은 민족 해방 운동의 한 방법으로 진행된 것입니다. 이를 두고 냉전 이후의 좌우 대립에 기초한 가정을 펴는 것은 논리에도 맞지 않고 역사적 이해에도 옳지 않은 궤변이 될 것입니다. 증언 기록을 삭제해 주십시오.

판사 예, 원고 측 변호인의 주장을 받아들이도록 하겠습니다. 증인은 농촌 진흥 운동과 직접적인 관련이 있는 사실에 대해서만 언급할 것을 명령합니다.

우가키 가즈시게 아무튼 나는 혼란스러운 조선의 상황을 정리하기 위해선 농촌에서 벌어지고 있는 혁명 운동을 진압하고 농촌 사회를 진정시키는 것이 급선무라고 보았습니다. 이를 해결하는 것이 바

어리석은 조선인을 계몽시킨다는 목적아래 일본과 한 나라라는 "내선융화" 정신을 심어야지.

아이고, 일본이 우리를 개화시켜준다고 하니, 궁금하군.

왜 일본은 조선을 수탈했을까?

로 본인이 생각하는 조선 통치의 기본 과제이자 농촌 진흥 운동의 본질적인 문제의식이었습니다. 한편으로는 내선 융화를 크게 진척시키고, 또 다른 한편으로는 '조선인에게 적당한 빵을 주는 것'이 그 답이었습니다. 확실히 조선에서 계급적인 민족 운동이 일어난 것은 배가 고파서 생겨난 문제였고, 따라서 그 해결책은 배고픔을 해결하는 데서 시작하면 될 것이라 여긴 것이죠.

오진실 변호사　그 배고픔이 단순한 수준이 아니지 않습니까? 당시 조선 전체 농가의 70%가 넘는 사람들이 부채를 지고, 그 부채를 갚기 위해 고리채를 또다시 지어서 다음 해 농사를 지을 종자도 구하기 힘든 최악의 상황을 뜻하는 것이 아닙니까? 좀 전에 나카무라 변호인이 참고한 『동아일보』1931년 3월 9일 자 기사를 보면 "풍년 기근의 차 참상", "미가 폭락의 결과 소득은 유리걸식"이라는 문구가 있는데, 정말 할 말을 잊었습니다. 피고 측에서는 그것이 무슨 총독부 책임이냐고 하지만, 이런 사태의 책임은 결국 총독부의 무분별한 조선의 미곡 단작화 정책에 있지 않습니까? 총독부가 자생력 있는 조선 경제를 키웠다면 어떻게 그런 신문 기사가 나올 수 있겠습니까?

판사　오진실 변호인, 나중에 반박할 시간을 줄 테니 차례를 기다리도록 하세요.

오진실 변호사는 우가키 총독을 한번 노려보고 자리에 앉았지만, 우가키 총독은 그 눈빛을 무시하고 증언을 계속했다.

고리채
높은 이자의 빚을 뜻하는 말입니다.

단작화
단일한 작물을 대량으로 재배하는 것을 말합니다.

사대주의 사상
주체성 없이 세력이 강한 나라
나 사람을 받들어 섬기는 사상
입니다.

우가키 가즈시게　　내가 총독으로 부임한 이후, 조선의 농가 경제를 개선하기 위해 가장 먼저 노력한 것은 '농가 경제 갱생 계획'을 통한 정신 개조와 '국본(國本) 배양' 계획이었습니다. 본인이 판단하기에 당시 조선 농민이 가난하게 사는 이유는 사회적·경제적 원인도 있지만 무엇보다 조선인의 정신적 문제가 더 컸습니다. 사실 당시 조선인들이 옛날부터 내려오는 봉건사상에 빠져 '사대주의 사상, 이기주의, 권리 주장은 강하나 의무 이행에는 태만한' 사상적 특징을 지니고 있는 것은 사실이지 않습니까? 나는 조선인 스스로를 위해서라도 이런 망국적 사상의 특징을 없애는 것이 시급한 문제라고 생각했고, 이를 위해 농가 경제 갱생 계획을 지도하는 방법으로 정치적·경제적 개조 운동의 성격을 강화했습니다.

　　방청객들 일부가 자리에서 일어나 삿대질을 하며 중구난방으로 항의를 해댔다.

　　"그건 총독부가 왜곡한 조선에 대한 이해 방식 아닙니까?"

　　"조용하게 잘 살고 있는 조선인들이 개혁 대상이라는 거요!"

　　"조선 농민들이 고생할 때 당신들이 한 것이 도대체 무엇이오!"

　　판사가 의사봉을 두드리며 조용히 해 줄 것을 엄중히 말했다.

우가키 가즈시게　　물론 조선 농촌의 개조를 위해서 우리 총독부 입장에서는 경제적·물질적 지원도 했죠. 그것이 바로 '고리채 정리 사업'이었습니다. 즉 금융조합이 나서서 부락별로 채무 관계를 조사하고, 채권자를 상대로 원리금을 삭감 내지 포기하도록 조정한 후 채무자 중에서 대상자를 선정해 중장기 연부 상환의 저리 자금을 부동산 담보 여부에 따라 최고 1000원에서 최저 200원까지 대부하는 것입니다. 여기에 소액공과금 부담의 면제, 농촌 부담의 경감, 수업료 인하, 자작 농지 구입을 위한 금융 지원 등등의 다각적으로 지원했으니 본인의 노력이 적었다고는 할 수 없겠죠. 게다가 내가 조선인 지주들의 반대를 무릅쓰고 최초의 소작입법인 '조선 소작 조정령'과 이를 보완한 '조선 농지령'을 제정했다는 것을 아십니까? 특히 '조선 농지령'을 통해 1) 소작 기간을 일반 소작의 경우 3년 이상, 유실수 등을 키우는 특수 소작의 경우 7년 이상을 보장하고, 2) 이와 더불어 소작인의 '배신행위'가 없고, 3) '조선 농지령'이 허용하는 범위 내에서 이루어지는 지주의 소작 조건 변경 요구를 수용하는 경우 지주는 소작 계약 갱신을 거절할 수 없도록 만들었다 이거죠. 이로써 당시 80% 이상의 부정기 소작농을 대상으로 소작권 이동을 빌미로 소작료 인상을 일삼던 악덕 지주를 견제하고 소작인들을 보호한 것은 분명히 의미 있는 일이었다고 평가합니다.

오진실 변호사　존경하는 판사님! 이 며칠간의 재판 과정을 통해 피고 측인 조선 총독부와 조선 지주들의 주장이 얼마나 터무니없는 것임을 잘 이해하셨으리라 봅니다. 그런 피고의 주장에 정점을 찍는 게 바로 오늘의 재판 내용이 아닐까 싶습니다. 지금 우가키 증인은 당시 상황을 교묘하게 왜곡하여 자신들의 정책에 대해 과대 평가를 하도록 유도하면서, 본질적인 문제는 숨기고 있습니다. 이를 증명하기 위해 조선 농민 엽합회의 대표 김매기 씨를 증인으로 신청합니다.

억울한 마음을 누르며 재판을 지켜보던 조선 농민 연합회 김매기 대표가 드디어 증인석으로 나왔다.

판사   인정합니다. 증인, 나와서 선서를 해 주세요.

김매기   에, 나는 이 법정에서 진실만을 말할 것을 선서합니다.

판사   오진실 변호인, 진행하세요.

오진실 변호사   김매기 증인, 조금 전 우가키 총독의 증언을 들으면서 어떤 심정이 드셨나요?

김매기   한마디로 복장이 터지는 줄 알았어요. 사람이 어떻게 저렇게 뻔뻔스러울 수가 있나? 그래도 조선 총독 중 합리적인 인물이었다고 평가받는 자가 우가키 총독인데, 확실히 개인적인 인물됨과 국가의 일원으로서의 그것은 다르구나 하는 생각이 들었습니다.

오진실 변호사   어떤 면에서 그렇습니까?

김매기   우선 '농가 경제 갱생 계획'을 얘기하면서 당시 조선 농업 문제의 원인을, 조선 민족의 망국적 사상의 특징을 운운하면서 우리 탓으로 돌리는 것부터가 그렇습니다. 사실 1930년대의 농가 경제의 파탄 원인이 1920년대 산미 증식 계획을 통해 확장되어 온 식민지 지주제에 의한 것임은, 재판 둘째 날에 이미 밝혀진 것이 아닙니까? 물론 1920년대 말의 경제 대공황과 농업 공황이 문제를 악화시켰던

부분도 있었을 것입니다. 하지만 그것은 본질적인 것이 아니라 외부의 원인일 따름 아닙니까? 진정으로 농가 경제를 개선하려고 했다면 식민지 지주제에 대한 문제의식부터 가졌어야죠.

오진실 변호사 그렇죠. 토지 조사 사업으로부터 산미 증식 계획에 이르는 과정에서 탄생된 식민지 지주제를 해결하지 않고서는, 당시 들불처럼 일어나던 농민 운동을 진화하기가 쉽지 않았을 테죠.

김매기 맞습니다. 당시 적색 농민조합 운동과 같은 농민 운동은 사상과 이념을 넘어서 최소한의 인간다운 삶을 살고자 하는 조선 농민들의 몸부림이었거든요. 그런데 거기에 대고 총독부가 우리에게 했던 얘기란 게…….

오진실 변호사 이 모든 게 당신들 탓이다?

김매기 예, 바로 그겁니다. 무슨 '사사화(私事化) 이데올로기'라나? 한마디로 잘 살고 못 사는 게 내 탓이라는 얘긴데, 그 해결책은 근면·검약하는 것이 최고랍니다. 참으로 대단하죠? 우가키 총독이 자랑스레 말하는 고리채 정리 사업도 그래요. 농민이 저리의 대부를 받으려면 일단 토지를 담보로 해야 하는데 전체 농민의 60% 이상이 소작농이고, 그 소작농의 80% 이상이 명확한 소작 기간도 보장받지 못하는 부정기 소작농인데 무슨 담보물을 맡길 수 있었겠습니까? 원리금의 조정 이외에는 다 허황된 얘기에 지나지 않는 데다 그것마저 제대로 이루어지지 않았죠. 게다가 '조선 농지령'이오? 해당 법안의 모델이 되었던 일본의 '소작법' 초안을 보면, 소작인의 생계와 경작에 필요한 소작료 감면을 보장하는 법안이 입안되어 있어요. 그런데 우리 조선에서는 다르지요. 더군다나 소작인의 '배신 행위'라니요? 무엇을 의미하는지 아시겠죠? 한마디로 계약 기간 동안은 지주의 요구에 입 다물고 따르라는 것입니다. 이게 봉건 시대의 지주-소작 관계와 무엇이 차이가 난다는 것입니까? 아, 차라리 그때 지주의 양반으로서의 품격이라도 기대할 수 있었을 테니, 어쩌면 그때가 더 나았을 수도 있겠네요.

오진실 변호사　잘 알겠습니다. 어떻습니까? 이런 내용을 가지고도 '농촌 진흥 운동'과 '조선 농지령' 등의 여러 소작법이 농민 생활을 개선한 것이라 할 수 있을지요? 여러분의 현명한 판단을 부탁드립니다.

　방청객들이 심하게 술렁이기 시작했다. 김매기가 증언한 농민들의 힘든 삶이 이제야 절실하게 느껴진 탓이다. 이에 나카무라 변호사가 반론을 펼치기 위해 나서자 판사가 손을 들었다.

판사　양측의 의견이 너무 치열하다 보니 시간이 많이 흘렀군요. 잠시 쉬면서 각자의 생각을 정리한 후 다시 논쟁을 펼치도록 합시다. 휴정하겠습니다.

자작농 창설 운동은 제대로 이루어졌다?

판사   자, 쉬는 동안 양측의 생각이 어느 정도 정리가 되었습니까? 그렇다면 법정을 계속하도록 하죠. 아까 나카무라 변호인이 반론을 제기하려고 했죠? 그럼 거기서부터 시작합시다.

나카무라 변호사   감사합니다, 판사님. 조금 전 오진실 변호인과 김매기 씨의 증언을 잘 들었습니다. 하지만 그 이야기는 소작농의 입장만을 반영하는 편향된 이야기가 아닌가 싶습니다. 저희도 '농가 경제 갱생 계획'이 시행되는 데에 약간의 문제점이 발생되었다는 점을 부정하지는 않겠습니다.

오진실 변호사   약간의 문제점이라니요? '식민지 지주제'를 그대로 유지시킨 가운데 눈가림식의 개선을 추구한 것이 '농가 경제 갱생 계획'이라는 것, 그것이 바로 문제의 핵심이지 않습니까?

나카무라 변호사　　아직 제 발언 중입니다. 자꾸 끼어들지 마세요.

오진실 변호사　　끼어드는 게 아니라 사실을 사실대로 말해야지, 왜 자꾸 문제의 본질을 교묘하게 왜곡하느냐 이 말입니다.

판사　　아, 두 분 변호인. 이곳은 역사의 진실을 밝히고자 하는 신성한 재판정입니다. 두 분이 감정싸움을 할 곳이 아니에요. 주의하세요. 엄중히 경고하겠습니다.

　　그제야 두 변호사는 상황을 파악하고 얼굴을 붉힌 채 각자의 자리에 앉았다. 방청석에서 혀 차는 소리가 크게 들려왔고 어느 정도 시간이 흐른 뒤에 재판이 다시 시작되었다.

판사　　나카무라 변호인, 계속 변론하세요.

나카무라 변호사　　잠시 소란을 피운 데 대해 사과드립니다. 좀 전의 변론을 이어 가겠습니다. 어쨌든 '농가 경제 갱생 계획'의 문제점을 인식하고 있던 피고, 즉 조선 총독부에서도 무엇인가 개선점을 찾기 위해 노력했습니다. 그것이 바로 1927년, 소작 쟁의에 대한 대책으로 마련된 **자작농 창정 시안**을 좀 더 개선하여 1932년 '자작 농지 설정 계획'을 마련했습니다.

판사　　그 두 계획은 어떤 차이가 있고, 또 어떤 면에서 개선이 되었다는 거죠?

나카무라 변호사　　우선 '농가 경제 갱생 계획'의 시행에서 문제가 생겼던 것은 '일부' 지주들의 소작 방식의 문제점이 중요 원인이라는 것을 다시 한 번 밝히고 싶습니다. 실제 1933년 '조선 소작 조정령'이 시작되고 뒤이어 '조선 소작령'이 추진되자, 지주들은 조선 총독부의 의도를 이해하지 못하고 자신들의 이익을 보전하기 위한 집단행동에 들어갔습니다. 안타깝게도 지주들 대부분은 법령의 본뜻을 왜곡하고 만 것입니다.

오진실 변호사　　존경하는 판사님, 여기서 나카무라 변호인의 변론 중 한 부분은 꼭 지적하고 넘어가야 할 것 같습니다.

판사　　재판의 원활한 진행을 위해 나중에 이야기하면 안 될까요?

오진실 변호사　　죄송합니다만 지금 소작령에 대한 지주의 대응 이야기가 다음 논의에서 쟁점이 될 것 같지는 않습니다. 왜냐하면 다음 논쟁의 중심은 '자작 농지 설정 계획'이 될 것이니까요. 따라서 지금 지주의 대응에 대한 사실 지적은 이후 논의 전개를 위해서라도 정확히 해야 할 것 같습니다.

판사　　좋습니다. 하지만 재판의 빠른 진행을 위해 최대한 짧게 지적하시길 바랍니다.

오진실 변호사　　감사합니다, 판사님. 피고 측 변호인은 조금 전 소작입법에 일부 또는 상당한 지주들의 반발이 있었다고 말씀하셨죠?

나카무라 변호사　　예, 그렇습니다만……?

오진실 변호사　　그렇다면 그 상당한 지주 중에 동양 척식 회사나 구마모토(熊本) 농장과 같은 대농장이 있었다는 사실은 왜 지적하지 않으신 거죠?

나카무라 변호사　아, 그것은…….

오진실 변호사　제가 가지고 있는 1934년 3월 4일 자 『동아일보』 기사에 의하면, 두 회사로 대표되는 일본인 지주들이 소작료를 2할 내지 4할까지 인상하고 이를 받아들이지 않는 소작농을 모두 해약시켜 큰 파장이 일었다고 나와 있습니다. 게다가 저희 측 증인인 김매기 씨가 살던 경상북도에서만 1934년 봄에 소작권을 이동시킨 것이 2만 건이 넘는 것으로 나와 있는데, 이것이 과연 일부 또는 상당한 지주의 문제라고만 할 수 있을까요?

판사　그것이 확실합니까?

오진실 변호사　예, 제 주장에 대한 증거물로서 1934년 5월 20일 자 『조선일보』와 같은 해 2월 28일 자 『오사카아사히신문』(조선판)을 제출하겠습니다.

판사는 신문 기사를 주의 깊게 읽고 난 후 나카무라 변호사에게 주의를 주었다.

판사　나카무라 변호인, 피고를 변호하는 것도 좋지만 그것은 어디까지나 정확한 사실 관계에 의해 이루어지길 바랍니다. 무엇보다 본 판사나 배심원과 방청객의 객관적 판단에 방해가 되어서는 안 되지 않겠습니까?

나카무라 변호사　사실 그 부분을 지금 말씀드리려 한 것이니 오해하지 마시길 바랍니다. 조선 총독부도 그 문제점에 대한 인식이 있었습니다. 그래서 각 부·군·도의 소작위원회를 통해 소작쟁의를 조정하려는 노력도 했었고요. 그 결과로 1933~1936년 사이에는 소작농의 요구가 받아들여지거나 서로 합의를 함으로써 소작쟁의가 해결되는 비율이 80%를 상회하는 성과를 얻기도 했습니다. 그 증거물로 1938년에 간행된 조선 총독부 농림국의 『조선소작연보』 1집을 증거물로 제출합니다.

소작쟁의의 해결 비율을 들은 방청객 사이에서는 적잖은 놀라움의 탄성이 터져 나왔다. 예상치 못한 성과에 놀란 것이었다. 나카무라 변호사는 물론 우가키 총독의 얼굴에도 만족스런 기운이 감돌았다.

판사   증거물로 인정하겠습니다. 계속하시죠.

나카무라 변호사   감사합니다. 사실 이렇게 놀라운 성과를 거두게 된 데에는 소작위원이나 소작관의 노력이 컸습니다. 그런데 이런 분들의 희생을 모르고 무조건 친일파로 몰아붙이는 요즘의 세태는 확실히 문제가 있는 것 같습니다.

판사   나카무라 변호인, 앞의 법정에서 본 재판과 무관한 개인적인 의견은 자제를 부탁드린다고 했을 텐데요?

나카무라 변호사   아, 죄송합니다. 저도 모르게 나온 말이니 양해 바랍니다. 어쨌든 이런 성과를 좀 더 확실하게 유지시키기 위해서는 제도적 보완이 필요했습니다. 그래서 1927년 시도되었으나 예산 부족의 문제로 미루어진 '자작농 창정' 시안을 바탕으로 '자작 농지 설정 계획'을 시행한 것이죠. 그 자세한 내용은 우가키 총독을 통해 들어 보고자 합니다.

판사　　좋습니다. 우가키 총독, 다시 증언대로 나오세요.

우가키 가즈시게　　본인은 자작 농지 설정 사업을 본격적으로 시행하기 위해 총독부가 직접 주관하는 것과 금융조합을 중심으로 한 '자작 농지 설정 사업'으로 세분화했습니다. 이 중 총독부 사업은 제1기(1932~1941년)와 제2기(1942~1951년)로 예상하여 추진했습니다. 이를 바탕으로 목표한 것은 무엇이냐? 먼저 10년간 총 2만 호에 대해 1만 정보의 자작 농지를 설정하는 것이었죠. 그 대상은 농촌의 '중견 인물'이 될 소질을 갖춘 건실하고도 근면한 소작농과 자소작농 그리고 농업 지식과 경험이 있는 새로운 농업자 등이었습니다.

판사　　그렇다면 설정 대상 농지와 농지 구입 자금은요?

우가키 가즈시게　　설정 대상 토지는 당연히 해당 농업자의 소작지로 해야죠. 특히 구입 자금을 낮은 금리로 빌려 주기 위해 각 농가당 평균 660원을 연리 3.3%로 1년 거치 24년 원리 균등 상환으로 대부해 주었습니다. 이 정도면 훌륭하지 않습니까?

판사　　글쎄요. 그 판단은 오진실 변호인의 반론을 들어 보고 내리도록 하지요. 오 변호인, 변론하시지요.

오진실 변호사　　감사합니다. 조금 전 나카무라 변호인께서 소작위원회를 통한 소작쟁의의 해결 비율이 80%가 넘는 성과를 거두었다고 하셨는데 확실히 놀라운 성과라고 하겠습니다. 하지만 여기서 중요한 사실이 하나 빠졌다는 게 안타깝네요.

나카무라 변호사　도대체 제가 어떤 사실을 빠트렸단 말씀입니까? 제가 제시한 기사 내용에는 한 치의 조작도 없습니다.

오진실 변호사　그렇습니까? 그렇다면 이 당시의 분쟁 해결이라는 게 소작입법을 앞둔 지주들의 소작 조건 개악 추진을 막고 기존의 상태를 유지시키는 것뿐이라는 사실은 왜 이야기하지 않으셨는지요? 물론 더 나빠지는 걸 막는 것도 의의가 있다는 건 인정합니다. 하지만 그것만으로 소작위원회에서 활동한 각 소작위원에게 당시 소작농이 고마워해야 한다는 것은 좀 웃기지 않습니까? 게다가 역사적 평가까지 운운하다니요? 나카무라 변호인의 논리대로라면 저희 집에 든 도둑이 1000만 원을 훔쳐갈 수도 있는데 700만 원만 훔쳐갔으니 고마워해야 한다는 것과 무엇이 다릅니까? 거기에다가 이 당시의 활동이 기존의 소작 조건을 조금이라도 개선한 것이 없지 않습니까? 이렇게 본다면 80%의 조정률이라는 것도 결국 눈속임밖에 되지 않는다고 할 수 있죠.

나카무라 변호사　도둑이라니요? 지금 저희 측을 도둑으로 모는 겁니까? 판사님, 이는 인격 모독입니다.

판사　나카무라 변호인의 항의를 받아들입니다. 오진실 변호인은 발언에 주의해 주세요.

오진실 변호사　제 발언이 조금 지나쳤던 점에 대해선 사과드립니다. 다시 우가키 증인의 자부심 강한 증언이 얼마나 진실성이 있는 것인지 밝혀 보겠습니다. 우가키 증인은 농가 경제 갱생 계획과 자작 농지 설정 계획이 조선 농가 생활의 개선을 위한 야심작이었다고 하셨지요, 맞습니까?

우가키 가즈시게 　　그렇습니다. 여러 번 이야기했지만 본인은 두 계획을 통해 내선 융화와 조선인의 삶을 향상시키고자 했습니다. 그것을 위해 앞서 밝힌 바와 같은 대안을 마련했고요.

오진실 변호사 　　그런데 그 사업 규모가 왜 그렇게 작았을까요? 제가 조사한 바에 따르면, 경상북도에 한정지어 보더라도 갱생 대상 가구 수가 5%가 채 되지 않았습니다. 자작 농지 설정 사업도 그렇습니다. 경상북도의 경우 1933년 이후 금융조합이 본격적으로 참여했음에도 불구하고 1936년까지 금융조합의 지원을 받아 자작 농지를 구입한 농가의 수가 10% 내외에 지나지 않으며 호당 대부금의 규모도 조선 총독부가 지원한 금액의 절반 수준에 지나지 않았습니다. 이런 상황에서 과연 사업이 정상적으로 진행될 수 있었는지 의문입니다.

우가키 가즈시게 　　그, 그것이……

오진실 변호사 　　더군다나 지원 대상이 되었던 '중견 인물'들에 대한 실제 지원 문제도 그렇습니다. 여기에 대해서 김중견 씨의 증언을 들어 보고자 합니다.

판사 　　좋습니다. 증인 김중견은 앞으로 나와 선서를 해 주시기 바랍니다.

원고 측 증인으로 김중견 씨가 법정 앞으로 걸어 나왔다.

김중견　나 김중견은 오직 진실만을 말할 것을 맹세합니다.

오진실 변호사　감사합니다. 김중견 증인, 조금 전 우가키 총독은 건실하고도 근면한 소작농과 자소작농을 기본으로 자작 농지 설정 계획을 시행했다고 하는데, 실제 그러했습니까?

김중견　그게 말입니다, 다 빛 좋은 개살구였어요. 약간의 지원금을 주면 뭘 합니까? 실제 농가 경제에 가상 압박을 주는 고율 소작료에 대해선 아무런 규제를 하지 않았는데요. 그뿐만이 아니에요. 땅값 상승과 토지 소유에 따른 무거운 지세·공과 부담을 고려하지 않고 사업이 추진되어 소작 경영을 전혀 보완할 수 없었다니까요. 오죽했으면 금융조합의 지원을 받아 자작 농지를 구입했던 농가 가운데 무려 42%에 해당하는 농가가 3년을 못 넘기고 다시 그 토지를 되팔았을까요?

나카무라 변호사　증거가 있습니까?

오진실 변호사　물론 있지요. 바로 1937년 7월에 발간된『경상북도 농회보』를 살펴보면 금방 찾을 수 있는 얘깁니다. 존경하는 판사님, 그리고 배심원과 방청객 여러분. 이것이 바로 조선 총독부에서 자랑하는 농가 경제 갱생 계획과 자작 농지 설정 계획의 실상입니다. 이러한 정책들도 식민지 지주제의 모순을 개선하는 데 아무런 도움이 되지 않거나 극히 제한적인 영향을 주는 데 그쳤습니다. 이런데도 그 수치에 현혹되어 식민지 통치를 옹호한다면 그것은 제대로 된 조사를 하지 않았다는 반증이자, 역사의식이 모자란다는 증거가 될 것이라고 하겠습니다.

판사　오진실 변호인의 주장은 잘 알겠습니다. 치열했던 공방의 열기를 잠시 식히기 위해 한 번 더 휴정을 하고 이어 가겠습니다.

공출! 지주도 피해자였다

판사 자, 이제 오늘의 논쟁을 마무리 지을 시간이 다 된 것 같군요. 이제 1937년 이후 **병참기지화** 시기에 이루어졌던 미곡 공출 제도를 정리해 보도록 하겠습니다. 이번엔 어느 분이 먼저 변론을 하시겠습니까?

오진실 변호사 제가 먼저 변론을 하도록 하겠습니다. 1937년 중일 전쟁을 시작하던 시기만 하더라도 일본을 중심으로 하는 엔(¥)블록 체제의 식량은 그리 부족한 편이 아니었습니다. 실제 이 당시의 국가별 쌀 작황을 보면 대만은 평년작, 일본은 풍작, 조선은 대풍작의 결과를 낳았다는 사실에서도 드러나죠.

데라우치 마사타케 이게 다 본인과 우가키 총독이 추진한 농촌 진흥 정책과 자작농 창설 운동의 결과가 아니겠습니까? 하하하……!

병참기지화
일제가 1931년, 만주사변을 전후한 시기부터 1945년 광복될 때까지 한반도를 일본의 대륙 침략 및 태평양전쟁을 위한 전쟁 및 군수물자의 공급기지로 이용한 식민지 정책을 말합니다.

판사　아직 판결이 나지 않은 상태에서 증인은 함부로 나서지 말아 주세요. 자꾸 끼어들면 법정 소란죄로 구금하겠습니다.

판사의 냉정한 말에 데라우치 총독은 무안한 표정으로 입을 다물고 말았다.

오진실 변호사　물론 풍작으로 생산된 쌀이 국내에서 소비가 되었거나 제대로 된 가격에 수출이 되었다면 문제가 없었을 것입니다. 하지만 실상은 어떠했습니까? 이렇게 생산량이 증가한 만큼 일본으로 쌀 유출량이 증가한 것입니다. 1937년에 일본으로 유출된 쌀이 720만 2000석인데, 1938년에는 1099만 7000석이 빠져나갔으니 정말 기록적이라고 할 수 있는 양이죠.

판사　그렇다면 해마다 생산량의 40% 이상이 일본으로 유출되었다는 말입니까?

오진실 변호사　그렇습니다. 자료를 보면 그 유출량이 얼마나 어마어마했는지 금세 알 수 있을 것입니다.

판사　그렇다면 그 당시 조선인들은 무얼 먹고 살았단 말입니까?

오진실 변호사　만주와 북중국에서 수입되는 잡곡이 쌀의 유출분을 대신했습니다. 그런데 이 잡곡의 유입량마저도 중일 전쟁 이후 일본의 침략전쟁이 확대되면서 변동되고 맙니다. 이제 조선의 농민들은 아무리 국내에서 풍년이 들어도 기아 상태를 벗어나기 힘들게

된 것입니다.

나카무라 변호사　존경하는 판사님, 오진실 변호인의 발언에 문제가 있습니다. 이 당시의 쌀은 수탈되었다고 보기보다는 수출된 것이라고 이해하는 게 옳을 것입니다. 실제로 일본을 포함한 한반도 전체의 소득이 증가했으니까요. 또 이 당시 쌀의 1인당 소비량이 준 것은 사실이지만, 잡곡 등 대용식품과 기타 가공식품을 종합적으로 고려할 때, 1인당 열량 섭취량이 줄어들었다고 단언할 수는 없습니다. 오히려 생활비 중 식료품비의 비중을 나타내는 엥겔 계수가 하락하여 사람들의 생활 수준이 향상되었다는 점을 추측할 수 있게 하며, 1890~1920년대 태어난 사람들의 키가 1~2센티미터 더 커진 것이 이를 증명합니다.

오진실 변호사　참으로 대단하신 주장입니다. 나카무라 변호인, 제국주의의 영향을 받지 않는 나라 어디에서 자기 나라 농산물의 40% 이상을 지속적으로 수출한답니까? 국내 소비량도 부족한 판국에 훨씬 질이 낮은 만주 잡곡을 대신 충당하면서까지 말입니다. 게다가 1인당 섭취하는 열량 소비량을 따지자고요? 좋습니다. 1930년 이전의 조선인 평균 곡식 소비량이 미곡과 잡곡을 합쳐 1.95석을 기록하다가 그 이후 평균 1.5석에 전후하는 것은 어떻게 설명하시렵니까? 특히 1943년에는 1석에 겨우 미쳤다는 사실은요?

나카무라 변호사　그 칼로리라는 게 반드시 곡식 소비량과 일치하지는 않는 거라 수치만으로 따지는 것은…….

오진실 변호사　여태까지 나카무라 변호인이 주로 얘기하신 게 실증적인 수치로서의 역사 아닙니까? 왜 갑자기 수치 부분에서의 신뢰도가 급격히 떨어지는 것입니까? 그리고 엥겔 계수와 조선 내 총소득량의 부분도 그렇습니다. 총소득량을 말씀하시려면 그것의 구성비를 정확히 말하고 엥겔 계수도 총소비량의 몇 퍼센트를 차지하는지를 말씀하셔야지, 전제 조건을 제시하지 않은 채 무조건 총량이 증가하거나 비율의 증감이 나타났다고 역사적 변화를 의미할 수는 없는 것 아닙니까?

강제 공제 저축
일본 제국이 전쟁 비용을 마련
하기 위해 강요한 저금을 말합
니다.

오진실 변호사의 말에 방청석에서 한 사람이 중얼거
렸다.

"그래, 맞아. 삼성이 수출을 많이 해서 국민총소득액이 증가한다
고 해서 내 월급이 늘어나는 것은 아니잖아?"

"그렇네. 그 비유를 들으니 바로 이해가 되는군!"

그 말을 들은 나카무라 변호사가 불편한 얼굴로 자리에 앉았다.

오진실 변호사　물론 1939년 이후 시행된 전시의 미곡 통제가 모
두 강제로 이루어진 것은 아닙니다. 1940년대 초에는 그래도 공정
가격에 의한 공출이 이루어졌고, '과잉 생산 지역의 과잉 수량'만을
공출한다는 원칙이 적용되었습니다. 하지만 이 통제미 이외의 쌀
들도 통제 기구인 '도량 배급 조합'에서 공출미를 채울 때까지 자유
판매를 하지 못하도록 했습니다. 게다가 공출한 쌀의 대금마저 총
액의 10%를 강제 공제 저축(天引貯金)을 하고, 덧붙여 비료 대금과
조합비 등을 빼고 나머지만 공출자에게 주었다는 것을 살펴보면 조
선 총독부가 말하는 공정가격이란 게 얼마나 터무니없는 것임을 알
수 있습니다.

나카무라 변호사　사실 이 시기부터 지주들도 적지 않은 피해를 입
었어요. 조선 총독부에서 쌀을 공출할 때 지급하는 장려금이란 게
있었지요. 가마니(석)당 1원 25전인데 강제 공제 저축금이 가마니당

1원 70전이었으니…….

오진실 변호사　1940년대에는 미곡 공출의 여파가 차이는 있으나 모든 농민이 공출을 해야 하는 사정이 되었다는 것이겠죠?

나카무라 변호사　맞습니다. 우선 식량 공출에 이어 1943년도부터 는 강제 징용까지 이루어지면서 일할 소작농이 줄어들었어요. 이제 는 소를 키우기는커녕 농사짓기도 힘들게 되었으니 그 타격이란 게 여간하지 않았지요. 지주의 입장에서 소작료로 받는 미곡을 소작인 이 직접 공출하고 그 대가를 대금 전표로만 받게 됨으로써, 판매자 로서의 상업적 이익을 상실하게 되었고, 미곡의 공정가격이 낮게 책 정됨으로써 입게 되는 경제적 손실도 커졌단 말입니다.

오진실 변호사　그래도 지주 계급은 조선 총독부에서 발표한 '지주 활동 촉진 요강'에 의해 일정한 보호를 받지 않았습니까?

나카무라 변호사　그게 말입니다, 실제적으로는 도움이 되지 않는 빛 좋은 개살구였단 말이죠.

판사　지금까지 양측의 입장을 잘 들었습니다. 특히 1940년대의 농촌 경제가 얼마나 어려웠는지는 양측의 반응이 크게 다르지 않음 을 보아서도 짐작할 수 있었습니다. 이제 이 모든 의견을 모으고 정 리할 수 있도록 하겠습니다. 두 변호인은 다음 시간에 최후 변론을 할 수 있도록 준비해 주시기 바랍니다. 그럼 세 번째 날 재판을 여기 서 모두 마치겠습니다.

땅! 땅! 땅!

다알지 기자

시청자 여러분, 안녕하세요. 오늘도 어김 없이 저는 한국사법정 앞에 나와 있습니다. 현재 조선 총독부 대 조선 농민의 마지막 재판은 최후 변론만 남아 있습니다. 마지막 재판인 만큼 양측은 증인, 증거를 내세워 주장을 밝히고 서로 치열하게 대립했습니다. 농촌 진흥 운동에 따른 농촌 생활 개선에 대해 원고 측은 김중견 씨가 나와 농촌 생활의 어려움을 밝혔고, 피고 측은 우가키 총독이 나와 농촌 진흥 운동에 대해 변론했습니다. 그럼 양측의 증인으로 나왔던 조선 농민 대표자 연합회 김매기 회장과 조선 총독부 우가키 가즈시게 총독을 만나 보겠습니다. 먼저 조선 농민 연합회 김매기 회장을 만나 보겠습니다. 재판이 진행될수록 우가키 가즈시게 총독이나 어기짱 농림국장은 자신의 주장을 굽히지 않고 있는데요, 김매기 회장님은 그들의 변론을 어떻게 들으셨는지요?

조선 농민 연합회 대표 김매기

　　농촌 진흥 운동이니, 농가 경제 갱생 계획, 자
작농 육성이니 하지만 농사짓고 사는 우리 입장에
서 사실 좋아진 건 하나도 없습니다. 사람답게 살려고
몸부림을 치면 그것을 혁명이라고 하고, 사회적·정신적 문제라며 진
압하면서 그 모든 억압이 개선하기 위한 정책이라고 주장하지만 대체
뭐가 좋다는 것입니까? 지원금은 조금 주고, 고율 소작료를 방치하고,
거기에 세금까지 무겁게 부담시키고 말이지요. 그리고 힘들게 농사지
으면 내 가족에게 돌아오는 건 별로 없고, 결국 만주에서 들어온 질 낮
은 잡곡으로 입에 풀칠하기 바쁜 삶, 이게 무슨 개선 정책입니까? 우리
는 일제 강점기 기간 내내 일본에게 희생당한 것입니다. 그 진실은 오
늘 법정에서 다 밝혀졌다고 봅니다.

　　　왜 일본은 조선을 수탈했을까?

조선 총독부 총독 우가키 가즈시게

　전통적 사상에 젖어 모든 면에서 뒤처져 있
는 조선을 발전시키기 위해 근대적 정책과 운동을
실행시키면서 갖은 고생을 다했는데, 적반하장이 따로
없군요. 당시 내 목표는 내선 융화와 조선인의 삶을 향상시키는 것이
었습니다. 그래서 그에 따른 정책을 펼쳤고, 또 소작농의 불만을 듣고
요구를 관철하거나 타협하여 소작쟁의 해결이 80%면 대단한 것 아닙
니까? 내가 이렇게 기반을 만들어 놓은 덕에 1937년에는 대단한 풍작
을 이루기도 했지 않습니까? 그 잉여 농산물을 수출해서 조선은 돈을
벌었고, 그 번 돈으로 산업을 부흥시키지 않았나요? 그런데 이 무슨,
참 필요가 없는 재판을 계속한 겁니다. 처음부터 진실을 제대로 볼 생
각조차 없는 이들에게 괜한 짓 했다 싶지만, 그래도 조금이나마 우리
의 수고를 이해해 주는 조선인들이 있으리라 믿습니다.

대일본 제국과 조선의 공동 번영을 위한
정책을 시행했을 뿐이오
VS
그것은 단지 자기네들 이익을 위한
침략이며 수탈에 불과했소

판사 자, 이제 재판을 마무리할 때가 되었군요. 피고와 원고 측 모두 지금까지 치열한 법적 공방을 벌이시느라고 고생이 많았습니다. 오늘 이 자리는 지금까지 진행되었던 모든 공방을 정리하는 마지막 기회가 될 것입니다. 그럼 피고 조선 총독부에서 먼저 진술하시죠. 피고 측에서는 어느 분이 대표로 나오실 건가요?

우가키 가즈시게 에, 내가 선후임 총독을 대표해서 진술하겠습니다. 조선 총독부의 입장은 이렇습니다. 한일병합 초기에 무단 통치라는 말이 있을 정도로 강압적인 지배가 있었던 것은 사실입니다. 그에 따른 다소 무리한 제재나 억압이 있었던 것도 인정하고요. 그것은 조선 사회를 안정시키기 위해 불가피한 조치였음을 밝힙니다. 그리고 중요한 것은 그런 지배가 본의가 아니었다는 점을 이해해 주시길 바랍니다.

우리 조선 총독부의 지배 원칙은 확고한 것이었습니다. 대일본 제국과 조선의 공동의 번영! 아시아로 침략해 오는 서구 제국주의와 맞서, 동아시아 전체가 함께하는 밝은 미래를 위한 준비! 이것이었습니다. 우리는 이런 위대한 목표를 위해 무엇을 해야 할 것인가에 대해 끊임없이 고민했고, 그 결과 아시아 전체의 근대화를 통한 공동의 지배 체제를 구성하는 것이 가장 현실적인 답안이라고 생각했습니다.

생각해 보십시오. 전근대 시대에 세계의 중심을 이루고 있었던 동북아시아가 영국과 미국을 비롯한 서구 제국주의 국가의 침략에 맥없이 무너진 이유가 무엇이었는지를. 이유는 단 한 가지였습니다. 동아시아가 근대화, 즉 산업화가 되어 있지 못했기 때문이었습니다. 그런 치욕에서 벗어나기 위해서는 우리 대일본 제국을 중심으로 조선과 중국을 근대화된 경제 체제를 만드는 것이 중요하다고 생각했습니다. 이를 위해 토지 조사 사업을 시행하여 조선에서의 근대적 토지 소유관계를 성립하고, 산미 증식 계획을 통해 조선인과 일본인 모두가 배불리 먹고 살 수 있는 사회를 이룩하려고 했던 것입니다.

여러분이 오해하시는 것처럼 일본 혼자만 잘 먹고 잘 사는 욕심을 부리려고 했던 것은 결코 아닙니다. 이는 우리 천황 폐하께서 일시동인(一視同仁), 내선일체의 조서를 내리신 것을 보아서도 알 수 있지요. 내가 조선 총독으로 부임했을 때 자작농 창정, 농촌 진흥 운동 등의 정책을 폈던 것도 다 이렇게 큰 목적 때문입니다. 결국 그 성과

일시동인
일본인과 조선인의 구분 없이 일왕의 백성으로 보살피겠다는 뜻입니다.

내선일체
일본인과 조선인에게 동일한 권리와 의무를 주겠다는 뜻이지요.

가 어떻게 나타났습니까? 그 정책들의 성과가 현재 한국의 눈부신 발전의 뿌리가 되지 않았습니까? 근대적인 민법 체계와 물권 형성, 철도와 도로망의 형성을 통한 사회 간접 자본의 확충, 과학적인 영농법의 도입과 수리 시설의 개선 등 여러분이 피해 의식만 가지지 않고 보신다면 조선 총독부의 업적이 그렇게 약탈적으로 이루어지지만은 않았다는 것을 충분히 이해할 수 있을 겁니다.

존경하는 판사님과 배심원 여러분. 독일의 저 위대한 역사학자 레오폴드 폰 랑케의 유명한 격언인 "역사란 과거가 실제 어떠했는가를 밝히는 것"이라는 말을 다시 한 번 생각해 주시길 바랍니다. 그 격언에 따라 정말로 객관적인 눈으로 당시의 역사를 본다면 조선 총독부의 정책이 다소 무리는 있었다고는 하지만, 한국의 근대화에 얼마나 큰 도움을 주었는가를 분명히 느끼게 될 겁니다. 감사합니다.

판사 피고 측의 이야기를 잘 들었습니다. 그럼 이번에는 원고 측의 반론을 들어 보도록 하지요. 조선 농민 대표자 연합회에선 어느 분이 나오시겠습니까?

김매기 예, 내가 조선 농민 대표자 연합회를 대표해서 진술하도록 하겠습니다. 우선 우가키 총독의 변론을 들어 보니, 요즘 유행하는 말로 참 기가 막히고 코가 막힙니다. 좀 전에 우가키 총독이 예를 든 랑케의 격언에 대해 나도 한마디하고 가야 할 것 같습니다. 랑케가 얘기한 것은 우가키 총독이 말한 바와 같이 "역사란 과거가 실제 어떠했는가를 밝히는 것"이라기보다는 "역사란 과거가 진실로 어떠했는가를 밝히는 것"을 강조한 것이라고 해석해야 한다고 생각합니다. 예컨대 조선 총독부 시절 이루어졌던 여러 정책을 살펴보았을 때 단순한 수치로서의 결과와 도표를 계산하는 것이 아니라 그 성과들이 누구에게, 어떻게 돌아갔는가를 살펴보는 게 더 중요하다 이겁니다. 그게 진실을 살펴보는 것 아니겠습니까?

조선 총독부는 일제 강점기의 각종 사업들이 조선의 근대적 발전을 위한 것이었으며, 또한 한국의 경제적 발전에 영향을 주었다고 강변하고 있는데 참으로 터무니없는 주장입니다. 생각해 보십시오. 저들이 얘기하는 철도와 도로망 건설 등이 무엇을 위한 것이었습니까? 바로 조선의 자원을 좀 더 효율적으로 수탈하는 동시에, 일제의 대륙 침략을 위한 병력 이동을 손쉽게 하기 위한 것이지 않았습니까?

토지 조사 사업과 각종 농업 정책만 해도 그렇습니다. 조선 총독부는 이 사업들이 조선, 나아가 동아시아 전체의 근대화를 위한 정책이라고 주장하지만 실제로는 일본 자본주의의 제국주의적 침략을 위한 정책에 지나지 않는 것이었습니다. 즉 일본의 회사들이 조선과 아시아 전체로 진출하여 이익을 만들어 내려고 하는데, 각국의 경제 체제가 그에 맞지 않으니까 그들의 입맛에 맞게 재조정한 것에 지나지 않는다는 것입니다.

저들은 일본을 중심으로 하는 동아시아 전체의 공동 번영을 주장하며 내선일체 등의 화려한 구호를 내세웠지만, 결국 그 과정에서 추구했던 것은 일본의 이익을 위해 조선과 아시아의 농민, 노동자가 희생하는 체제를 구축하려던 것입니다.

　존경하는 판사님과 배심원 여러분. 조선 총독부의 총독들이 아무리 화려한 궤변들로 자신들의 잘못을 덮으려 해도, 진실을 지울 수는 없습니다. 그 행위들은 이미 이루어진 일이니까요. 여러분들은 이제 그 일들을 모두 보고 들으셨습니다. 남아 있는 것은 이에 대한 평가일 뿐입니다. 그 평가의 기준은 바로 진실이 될 것입니다. 참으로 그 당시의 사람들이 무엇을 겪었는지, 그리고 그 경험들이 지금 우리에게 어떤 결과를 가져왔는지 다시 한 번 고민해 주시길 진심으로 바랄 뿐입니다. 감사합니다.

판사　두 분의 말씀 잘 들었습니다. 최후 진술을 듣고 나니 이 재판이 얼마나 중요한 의미를 가지는 것인지에 대해 다시 한 번 생각하게 되는군요. 본 재판은 단순히 조선의 농업 문제로 그치는 것이 아니라 일제 강점기 조선 총독부 정책의 전반과 그 이후 한국의 경제개발과 관련된 역사적 평가까지 논의가 확대되어야 한다고 봅니다. 여기에 계신 배심원 여러분도 이런 상황을 충분히 이해하셨을 것입니다. 그리고 저희 재판부도 판결에 있어 그 중요성을 잊지 않고 최대한 공정하고 정의롭게 판결이 이루어질 수 있도록 하겠습니다. 모두 수고하셨습니다.

　땅! 땅! 땅!

역사공화국 한국사법정 재판 번호 52 조선 농민 연합회 VS 조선 총독부

주문

　본 한국사법정은 원고 조선 농민 대표자 연합회가 피고 조선 총독부를 상대로 제기한 조선 농민의 궁핍과 고통에 대한 책임이 조선 총독부에 있음을 인정하는 바이다.

판결 이유

---

(1) 토지 조사 사업의 신고주의로 인해 농민이 토지를 많이 상실했다―총독부의 무죄

(2) 토지 조사 사업 이후 조선인에 대한 지세가 급증했고, 이는 식민통치 비용으로 사용되어 조선인들의 고혈을 짰다―총독부의 유죄

(3) 조선 총독부가 지주층과 짜고 조선인 농민에게 높은 소작료를 수탈했다―총독부의 부분 유죄

(4) 토지 조사 사업으로 조선 사회의 근대화가 지체되고 내실 있는 발전을 왜곡했다―총독부의 유죄

(5) 동양 척식 주식회사의 토지 확장은 총독부와 결탁하여 광범위하게 수탈적인 방식으로 이뤄졌다―총독부의 유죄

(6) 산미 증식 계획으로 쌀 생산이 늘지 않았는데도 총독부는 오히려 이 사실을 미화하고 식민지 통치 안정을 위해 홍보용으로 사용했다―총독부의 무죄

(7) 산미 증식 계획 이후 오히려 조선 농민의 생활이 악화되었다―총독부의 유죄

(8) 산미 증식 계획으로 조선인 중소 지주의 보유지가 줄고 일본인 중심으로 토지가 집적되었다―총독부의 유죄

(9) 산미 증식 계획 이후 조선 농민의 식량 사정이 풍년임에도 크게 나빠졌다―총독부의 유죄

(10) 농촌 진흥 운동의 결과 조선 농민의 채무 사정의 개선이나 보릿고개 극복이 제대로 이뤄지지 못했다―총독부의 유죄

(11) 자작농 창설 계획도 실제의 선전보다 효과가 극히 미미했다―총독부의 유죄

(12) 미곡 공출에서 전적으로 소작농이나 농민만이 고통을 당했다―총독부는 부분 유죄

이에 본 재판부는 원고 측이 조선 총독부를 상대로 제기한 총 12개 조의 공소 내용 중에서 총 8개 항목에서 유죄, 나머지 2개 항목은 무죄, 2개 항목은 부분 유죄를 선고한다. 따라서 조선 총독부가 원고에 대해 다음과 같은 배상을 할 것을 판결하는 바이다.

• 농민들의 궁핍을 초래한 조선 총독부는 진심 어린 반성과 사죄를 한다.
• 궁핍한 농민을 구제하지 못한 피해에 대한 적절한 보상을 한다.

역사공화국 한국사법정 담당 판사 정역사

"아직도 계속되는 일본의 야욕"

재판이 끝나고 자리에서 일어나는 나카무라 변호사와 역대 총독들, 그리고 농림국장의 얼굴 표정이 어두웠다.

"에잇! 잘해 줘도 이 모양이니, 도대체 시간도 많이 흘렀는데 이제 와서 뭘 어쩌라는 거야! 농림국장, 그러기에 처음 할 때 제대로 하지 그랬어! 자네 왜 일을 그렇게 처리해 가지고 우리들까지 욕먹게 만들어?"

우가키 가즈시게 총독이 투덜거렸다.

어기짱 농림국장은 입을 삐쭉거리며 불평했다.

"아니, 이게 어디 나 혼자 탓입니까? 총독부에서 시켰잖습니까!"

나카무라 변호사가 나서서 사태를 진정시켰다.

"자, 자! 진정하세요! 이미 판결은 났습니다. 사실 이 정도도 다행

입니다. 이제 그만 받아들이세요.”

한편에서는 오진실 변호사를 에워싸고 조선 농민들의 함성이 떠나갈 듯했다.

“정의 만세! 만세! 만세!”

“그래! 정의는 살아 있어!”

“정말 고맙습니다. 수고하셨어요.”

김매기 회장이 감격스러운지 그렁그렁 눈물을 매달고 연신 고개를 숙이며 감사를 표했다.

“아주 만족스럽지는 않지만…… 그래도 총독부의 실상과 그 아래에서 고통 받은 조선 농민의 아픔을 알릴 수 있어서 다행입니다. 다들 고생 많으셨습니다."

"어쨌든 오진실 변호사님 덕에 지금이라도 조선 농민들의 고통을 알릴 수 있어서 정말 다행이에요."

모두들 들뜬 마음으로 법정을 벗어났다.

사무실에 돌아온 오진실 변호사는 모든 긴장이 일순 풀어지는 듯 피로가 몰려와 의자 깊숙이 몸을 의지하고 휴식을 취했다.

"정말 힘든 재판이었어……. 그래도 조금이나마 진실을 밝힐 수 있어서 다행이야! 이제 재판도 끝났으니 오랜만에 TV나 좀 볼까?"

TV를 켜니 이번 재판에 대한 뉴스가 나오고 있다. 화면에 비친 자신의 모습을 보니 오진실 변호사는 마음이 흡족했다.

"역시! 나 오진실은 예쁘단 말이야, 음하하하!"

그런데 갑자기 화면 위로 뉴스 속보가 끼어들었다.

시청자 여러분! 역사공화국 TV 다알지 기자입니다! 저는 지금 지상 세계 서울 시청 앞 광장에 나와 있습니다. 방금 특파원이 전해 준 소식에 따르면, 일본이 독도를 자기네 땅이라 하는 것도 모자라 일제 강점기 문화재 유출, 강제 동원, 종군 위안부 문제 등에 대해서도 자신들의 잘못이 아니기 때문에 책임질 수 없다는 입장을 국제 사회에 발표했습니다. 이 소식이 전해지자 전국적으로 많은 시민이 분노하며 촛불을 들고 시청 광장으로 모여들고 있습니

다. 갑작스러운 시민들의 행동에 놀란 정부에서는 경찰력을 동원
해 시위대를 해산시키려고 하고 있습니다. 이 때문에 일부 시민들
이 더욱 분노하여 경찰과 대치하고 있는 가운데, 촛불을 들고 광
장에 자리한 많은 시민은 질서 정연한 모습을 보여 주고 있습니
다. 새로운 이야기가 전해지는 대로 계속해서 시청자 여러분을 찾
아뵙겠습니다. 이상 역사공화국 TV 다알지 기자였습니다!

"아니? 재판 끝난 지가 얼마나 됐다고…… 저건 또 무슨 소리야?
정말 한심한 친구들이구만! 이거 앞으로 꽤 바쁘겠는걸?"
　오진실 변호사는 얼굴을 찌푸리며 중얼거렸다.

군산항에 인접한 군산 근대역사박물관

군산은 북으로는 금강, 남으로는 만경강이 흐르고 서쪽에는 바다를 접한 곳입니다. 이런 지리적 위치로 인해 예전부터 문물이 오가는 곳이었지요. 특히 조선 시대 군산은 넓고 비옥한 호남평야의 많은 쌀이 모이는 군산창과 이를 보호하기 위한 군산진이 설치된 곳이었습니다. 1899년에는 군산항이 개항되면서 더욱 많은 물자와 사람이 오가게 되었습니다. 특히 개항 후 군산은 일본의 필요에 의해 왜곡된 성장을 하게 됩니다. 일제 강점기 당시 많은 쌀이 군산항을 통해 일본으로 실려 나가게 됩니다.

이렇게 옛날부터 전통적 물류 유통 도시로서의 역할을 수행하던 군산의 역사를 담고 있는 박물관이 바로 '군산 근대역사박물관'입니다. 2011년 9월에 개관한 이 박물관은 군산항에 인접해 있습니다.

박물관은 '해양물류역사관'과 '근대생활관', '어린이체험관' '수장고' 등으로 나누어져 있는데, 해양물류역사관에서는 국제 무역항으로서의 군산의 과거와 현재 그리고 미래를 살펴볼 수 있습니다. 그리고 근대생활관에서는 1930년대의 군산의 거리를 만나볼 수 있습니다. 일제의 강압적인 통제 아래에서도 굴하지 않았던 군산 사람들의 모습을 재현

한 공간으로 군산항을 개항하게 된 배경은 물론, 일제 강점기 군산 최고의 번화가였던 영동 상가와 도시 빈민들이 살아가던 토막집도 볼 수 있습니다.

찾아가기 **주소** 전라북도 군산시 해망로 240(장미동 1-67번지)
운영시간 오전 9시~오후 6시
(동절기인 11월~이듬해 2월은 오전 9시~오후 5시, 휴관일: 월요일, 1월 1일 등)
전화번호 063-450-4541, 063-443-8283

일제 강점기 당시 군산의 번화가

일제 강점기 당시 조선인 도시 빈민들이 살았던 토막집

『역사공화국 한국사법정 52 왜 일본은 조선을 수탈했을까?』와 관련
한 논술 문제를 풀어 봅시다.

※ 다음 제시 그림을 읽고 물음에 답하시오.

(가)

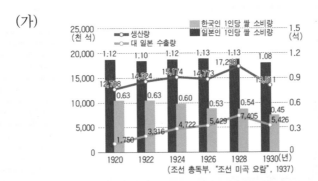

미곡 생산과 일제의 수탈량

(나)

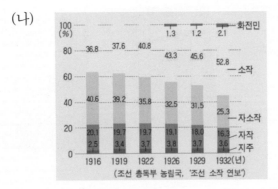

일제 강점기 농민의 계층별 구성

1. (가)는 미곡 생산과 일제의 수탈량을 나타낸 그래프이고, (나)는 일제 강점기 농민의 계층별 구성을 나타낸 그래프입니다. (가)와 (나)를 보고 일제 강점기 당시 조선 농민들이 겪었을 고통에 대해 써 보시오.

※ 다음 제시문을 읽고 물음에 답하시오.

지금은 남의 땅 — 빼앗긴 들에도 봄은 오는가?

나는 온몸에 햇살을 받고,
푸른 하늘 푸른 들이 맞붙은 곳으로,
가르마 같은 논길을 따라 꿈속을 가듯 걸어만 간다.

입술을 다문 하늘아, 들아,
내 맘에는 나 혼자 온 것 같지를 않구나!

네가 끌었느냐, 누가 부르더냐, 답답워라. 말을 해 다오.

〈중략〉

나는 온몸에 풋내를 띠고,
푸른 웃음, 푸른 설움이 어우러진 사이로,
다리를 절며 하루를 걷는다. 아마도 봄 신령이 지폈나 보다.

그러나 지금은—들을 빼앗겨 봄조차 빼앗기겠네.

2. 시인이 살고 있는 시대적 배경을 생각하며 이 시에 나타난 '들'의 의미
   에 대해 써 보시오.

왜 일본은 조선을 수탈했을까?

해답 1 (가)의 그래프를 보면 두 가지 사실을 알 수 있습니다. 쌀의 생산량과 쌀의 일본 수출량을 알 수 있고, 조선인과 일본인 1인당 쌀 소비량을 알 수 있지요. 먼저 1920년에는 쌀이 1270만 8000석 생산되어 175만 석을 일본으로 실어 날랐음을 그래프를 보면 알 수 있습니다. 그런데 1930년에 생산량은 조금밖에 늘지 않아 1351만 1000석에 불과했으나, 일본 수출량은 3배가량 늘어난 것을 알 수 있습니다. 생산된 양의 40%가량이 수출된 것이지요. 이로 인해 조선에서는 쌀을 찾아보기 힘들어졌습니다. 많은 양이 일본으로 빠져나가다 보니 조선인은 쌀을 먹는 게 힘들었지요. 그래서 일본인 1인당 쌀 소비량에는 10년간 큰 변화가 없지만, 조선인 1인당 쌀 소비량은 조금씩 줄고 있음을 알 수 있습니다. 일본인의 절반도 안 되는 쌀을 먹고 살아야 했던 것이지요.

그리고 (나)를 보면 일제 강점기 당시 농민의 계층별 구성을 알 수 있습니다. 1916년에는 자소작 하는 인구가 가장 많은 40.6%를 차지하지만, 1932년에는 25.3%로 크게 준 것을 알 수 있습니다. 반면 소작인의 비율은 52.8%로 크게 늘었지요. 그리고 떠돌아다니는 화전민의 비율도 조금씩 늘고 있음을 알 수 있습니다.

이렇게 일제 강점기 시대에 조선의 농민들은 열심히 일해 쌀을 생산해도 많은 양을 일제나 지주의 주머니에 가져다 바쳐야 하는 상황이었습니다. 일을 하면 할수록 점점 더 가난해지고 힘들어지는 웃지 못할 상황이었던 것입니다.

해답 2 제시된 시는 1901년에 대구에서 태어나 교남학교 교원을 지내다 1943년에 작고한 이상화 시인의 「빼앗긴 들에도 봄은 오는가」라는 시입니다. 이 시 속에 나오는 '들'은 땅, 터전, 국토를 의미하며, 시 속의 '빼앗긴 들'은 일제에 의해 강제로 점령당한 우리 국토를 상징합니다. 국권을 빼앗긴 비극적인 현실과 봄이 찾아온 아름다움을 대비시킴으로써 일제 강점기 시대의 우리 민족의 서러움을 표현하고 있습니다.

* 해답은 예시로 제시된 내용입니다.

왜 일본은 조선을 수탈했을까?

역사공화국 한국사법정 52

왜 일본은 조선을 수탈했을까?

ⓒ 김인호·배진영·선우성혜, 2012

초판 1쇄 발행일 2012년 7월 12일
초판 5쇄 발행일 2022년 1월 4일

지은이   김인호 배진영 선우성혜
그린이   황기홍
펴낸이   정은영

펴낸곳   (주)자음과모음
출판등록   2001년 11월 28일 제2001-000259호
주소   10881 경기도 파주시 회동길 325-20
전화   편집부 (02) 324-2347 경영지원부 (02) 325-6047
팩스   편집부 (02) 324-2348 경영지원부 (02) 2648-1311
이메일   jamoteen@jamobook.com

ISBN 978-89-544-2352-6 (44910)

과학공화국 법정시리즈 _(전 50권)

생활 속에서 배우는 기상천외한 수학·과학 교과서!
수학과 과학을 법정에 세워 '원리'를 밝혀낸다!

이 책은 과학공화국에서 일어나는 사건들과 사건을 다루는 법정 공판을 통해 청소년들에게 과학의 재미에 흠뻑 빠져들게 할 수 있는 기회를 제공한다. 우리 생활 속에서 일어날 만한 우스꽝스럽고도 호기심을 자극하는 사건들을 통하여 청소년들이 자연스럽게 과학의 원리를 깨달으면서 동시에 학습에 대한 흥미를 가질 수 있도록 구성하였다.